영어 단어의 결정적

뉘앙스들
NUANCe

케빈 강 (강진호)
美 Illinois State Univ. 언어치료학 최우등 졸업
美 Univ. of Memphis 이중언어 박사 과정 1년 수료
美 멤피스 언어청각센터 언어치료사 (Graduate Clinician)
前 강남 이익훈 어학원 영어발음 / 스피킹 대표 강사
前 스피킹핏 영어센터 대표 강사
現 링고애니 대표
저서 〈특허받은 영어발음 & 리스닝〉, 〈영어단어 그림사전〉, 〈미국 영어와 영국 영어를 비교합니다〉,
〈영어 발음은 이런 것이다〉, 〈거의 모든 일상 표현의 영어〉, 〈영어 표현의 결정적 뉘앙스들〉

해나 변 (변혜윤)
美 Judah Christian School / Oldfields School 졸업
日 Ritsumeikan Univ. 국제관계학 졸업
캐나다 Global College TESOL 및 GETQA 국제 영어 교사 자격증
前 국제 심포지엄 외국인 전담 동시통역사
前 UNICEF 한국위원회 팀원
現 Hanna's English 대표

영어 단어의 결정적 뉘앙스들

지은이 케빈 강, 해나 변
초판 1쇄 발행 2020년 9월 10일
초판 8쇄 발행 2024년 12월 2일

발행인 박효상   **편집장** 김현   **기획 · 편집** 장경희, 이한경   **디자인** 임정현
마케팅 이태호, 이전희   **관리** 김태옥
콘텐츠 제작 지원 박민선, 변혜인, 이경은, 이태희, 윤선희, 유지혜, 강지현
감수 룩룩잉글리쉬 (Luke 김)

기획 · 편집 진행 김현
본문 · 표지디자인 고희선

종이 월드페이퍼   **인쇄 · 제본** 예림인쇄 · 바인딩

출판등록 제10-1835호   **발행처** 사람in   **주소** 04034 서울시 마포구 양화로 11길 14-10 (서교동) 3F
전화 02) 338-3555(代)   **팩스** 02) 338-3545   **E-mail** saramin@netsgo.com
Website www.saramin.com

책값은 뒤표지에 있습니다.
파본은 바꾸어 드립니다.

ISBN
978-89-6049-861-7 14740
978-89-6049-783-2 세트

우아한 지적만보, 기민한 실사구시 사람in

영어 단어의 결정적

뉘앙스들
NUANCE

케빈 강·해나 변 저

아 다르고
어 다른
뉘앙스 구별이
영어 실력의 차이

메모리 부스터
이미지 &
착 감기는
회화 문장

뉘앙스
그 이상의
뉘앙스책

영어의 디테일은 뉘앙스에 있다

사람in

뉘앙스(nuance)는 의미와 어감의 미묘한 차이를 뜻합니다. 우리말도 '미안해'와 '죄송합니다'가 비슷한 의미여도 다른 어감으로 와 닿는 것처럼, 영어도 마찬가지로 'Sorry'와 'I apologize'는 말하는 사람의 미안해 하는 정도에 큰 차이가 있습니다. 이런 것을 무시하고 무조건 'Sorry' 혹은 'I apologize'로 말하는 건 원활한 의사소통에 부정적인 영향을 끼치게 됩니다.

우리가 외국인과 영어로 일상생활 회화를 할 때 '얻다'라는 말은 'get' 하나로 충분할 수도 있습니다. 하지만 진지한 대화를 나누거나 비즈니스 또는 학구적인 대화로 가게 되면, 상황에 따라서 'get'으로는 표현이 충분하지 않아서 'gain', 'obtain', 'acquire', 'achieve' 등의 다양한 유사 단어들로 대체해야 상대방이 여러분이 하는 말의 정확한 의도와 목적을 이해할 수 있는 경우도 있습니다. 특히나 사용 빈도가 높을수록 이런 유사 단어에 다양한 표현들이 있으며, 단어의 뉘앙스를 정확히 파악하고 자유자재로 구사하는 것은 영어 중고급 실력을 판가름하는 잣대가 되기도 합니다. 그리고 영어 학습에서 반드시 넘고 가야 할 관문이기도 합니다.

이 책에서는 회화와 작문에서 가장 많이 쓰이는 단어들 가운데 164개를 총 네 개의 카테고리로 나누어 단어들 간의 미묘한 뉘앙스 차이를 알려줍니다. 같아 보이지만 의미가 다른 단어들, 특정한 의미를 대표하는 가장 일반적인 단어들과 살짝 미묘한 차이가 있는 비슷한 의미의 단어들, 원어민만이 이해할 수 있는 미묘한 차이점의 단어들, 격식을 따지지 않는 회화체 단어와 격식을 갖춘 비즈니스·문어체 단어들의 뉘앙스까지 상황에 맞게 적절한 단어를 선택할 수 있는 가이드를 제공합니다. 이 책이 영어의 표현력을 높이고, 정확하게 영어를 공부해 나가고자 하는 독자님에게 도움이 되기를 바랍니다.

Kevin Kang

Congratulations! The fact that you are reading this book means you've taken a big step towards an opportunity to improve your English skills. Believe me, I know the struggle from experience.

축하합니다! 이 책을 읽는다는 건 여러분의 영어 실력을 한 단계 더 향상시킬 수 있게 큰 발걸음을 내디뎠다는 뜻입니다. 저는 미국에서 나고 자란 영어 원어민입니다. 대학 졸업 후 10여 년 간 한국인에게 영어를 가르치면서 느낀 건, 한국 사람들은 단어를 입시에 특화된 한정된 의미만으로 암기하고 있다는 것이었어요. 그러다 보니 폭이 좁고 틀에 박혀 있는 표현으로만 영어를 구사하는 경우를 많이 봐 왔습니다.

그런 교과서적인 영어 활용에 한계를 느끼고 극복하고 싶어 하는 학습자들을 보면서, 단어가 가지고 있는 여러 가지 쓰임새와 표현법을 원어민의 시각에서 이해하고 배우는 것이 중요하다고 생각했지요.

그래서 이 책은 원어민들이 자주 사용하는, 뉘앙스에 따라 의미가 달라지는 영어 표현들에 초점을 두고 있습니다. 현실감 넘치는 대화 예문을 통해 '한국어식 의미로 고착화된' 영단어들을 '원어민의 시각으로 정리된' 내용으로 학습하면서, 단어 간의 미묘한 차이를 정확히 이해하고 분석하는 input(리스닝, 리딩) 능력뿐만 아니라, 시의적절한 단어를 선별하여 표현하는 output(스피킹, 라이팅) 능력 또한 레벨업 할 수 있을 것이라고 확신합니다. 마지막으로 이 책을 쓰도록 도움을 주신 모든 분들께 감사드립니다. Okay, let's get on with it!

Hanna Byun

영어 중고급 학습자를 가르는 척도, 뉘앙스

이 책은 유의어들의 미묘한 뉘앙스를 밝히는 책입니다. 그런데 뉘앙스가 왜 중요할까요? 스키니(skinny)라는 단어 예를 들어보겠습니다. 스키니진 때문인지 우리나라 사람들은 skinny가 굉장히 좋은 뜻인 줄 알고 날씬한 사람들에게 '야, 너 진짜 스키니하다'처럼 이 단어를 씁니다. 그런데요, 이 skinny는 '뼈만 앙상히 남은'의 뜻으로 절대 좋은 의미의 '날씬한'이 아닌, 상당히 부정적인 어감의 단어인 것이죠. 이 사실을 모른 체 이제 겨우 안면 튼 외국인에게 You look skinny. 이렇게 말했다가는 정말 큰일나는 겁니다. 우리는 분명히 좋은 뜻으로 얘기했지만, 그쪽에서는 '아휴, 왜 그리 피골이 상접한가요' 이 뜻으로 받아들인다는 거죠. 참고로, 이때는 You look slim. 이라고 해야 합니다. 이렇듯 유의어들의 뉘앙스를 정확히 모르면 뜻하지 않은 오해를 일으킬 수도 있기에 뉘앙스 학습은 영어 공부를 시작할 때부터 정확하게 제대로 해야 하는 부분입니다. 하지만 시험 영어 공부에 몰리느라 이런 걸 제대로 공부한 적 없는 학습자들에게 지금의 자기 실력보다 한 단계 더 높이 올라가려면 뉘앙스는 꼭 넘어야 할 산입니다. 그런데 이걸 정확하게 가르쳐 주는 책이 없어서 뉘앙스를 확실히 공부하는 게 참 힘들었습니다.

〈영어 단어의 결정적 뉘앙스들〉에서는 이미 오랜 세월 동안 학습자들 머리에 그냥 비슷한 단어들로만 남아 있는, 회화와 영작에서 가장 많이 쓰이는 유의어 164개 그룹을 선정해 그것들의 정확한 뉘앙스와 활용법을 제시합니다. 격식을 갖춰야 하는 자리에서 써야 하는지, 들었을 때 부정적인 어감을 내포하는지, 다른 유의어들과 다른 특징은 무엇인지를 상세하게 설명합니다. 이 책을 보고 난 후 독자들이 바로 느끼는 효과는, 문장에서 해당 단어를 접할 때 저자가 어떤 뉘앙스를 풍기기 위해 이 단어를 썼는지 헤아려 볼 수 있게 된다는 것입니다. 그리고 말을 할 때와 글을 쓸 때 자신의 의도에 맞게 단어를 골라 쓰려고 애쓰게 된다는 것이죠.

이렇게 좋은 책, 처음부터 차례차례 보는 것도 좋지만 목차를 보다가 마음에 확 와 닿는 부분이 있다면 그 부분부터 펴서 보고 그 다음에 또 마음에 훅 다가오는 것을 보는 식으로 하는 것을 추천합니다. 이래야 끝까지 다 봐야 한다는 부담 없이 책을 접할 수 있으니까요. 책의 효과를 최대한 낼 수 있게 〈영어 단어의 결정적 뉘앙스들〉은 다음과 같은 구조로 되어 있습니다.

CHAPTER 1

챕터 1에서는 마구 호환해서 쓰면 안 되는 뉘앙스들을 모았습니다. 왼쪽 페이지에는 유의어와 상세한 설명, 오른쪽 페이지에는 해당 유의어가 들어간 회화 지문과 예문이 있습니다. 시각적 이미지가 기억력 증대에 효과가 있기에 픽토그램 등의 이미지를 넣어 이해가 쉽도록 했습니다.

CHAPTER 2 & CHAPTER 3

챕터 2, 3에서는 서로 호환해서 써도 그렇게 큰 문제가 되지 않지만 가려 쓰면 빼어난 영어를 구사할 수 있게 되는 유의어 뉘앙스들을 모았습니다. 역시 픽토그램과 회화 지문으로 이해를 돕습니다.

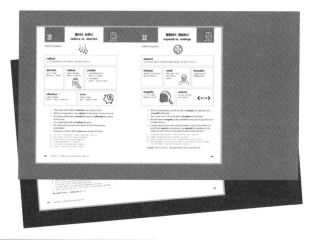

CHAPTER 4

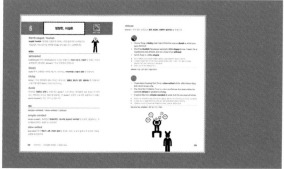

우리말에서 '거짓말, 허위, 위조' 등은 일반적인 혹은 격식을 갖춘 자리에서 쓰이지만, '구라, 뻥' 등은 아주 친한 사이에서 쓰이는 비격식어입니다. 챕터 4에서는 같은 의미의 비격식체와 격식체 단어를 제시해 상황에 따라 골라 쓰거나 영화, 미드 등을 이해할 때 도움이 되게 합니다. 특히 비격식 대화와 격식 대화를 함께 제시해 그 느낌을 알 수 있게 합니다.

CHAPTER 2 의미별 대표 단어와 연관 단어들의 디테일한 차이

SECTION 1 동사

SECTION 3 형용사, 부사

CHAPTER 3 원어민만 아는 미묘한 뉘앙스 차이

CHAPTER 4 비격식체와 격식체의 그 오묘한 뉘앙스

CHAPTER 1

같아 보이지만
확실하게 다른 단어들

1

skinny는 예쁘게 마른 게 아니에요

MP3 001

thin

우리가 '**마른**' 또는 '**굵기가 얇은**'의 뜻을 표현할 때 쓰는 가장 중립적이고 일반적인 단어입니다. 그래서 You're thin.(너 말랐구나.)이라고 했을 때 상대방이 전혀 기분 나빠하지 않아요.

bony

부정적인 의미의 단어로 '**피골이 상접한**', '**지나칠 정도로 마른**'의 뜻입니다. 같은 의미로 skin and bone이 있으며, bone에 -s를 붙여 skin and bones가 되면 명사로 쓰여 '심하게 마른 사람'을 의미합니다.

He is nothing but skin and bones. 그 애는 뼈와 가죽만 남을 정도로 말랐다.

skinny

skinny jeans(스키니 진)처럼 몸에 딱 달라붙는 청바지가 유행하면서 좋은 의미의 '마른'으로 오해하기 쉬우나, 사실은 '**앙상한, 깡마른**' 같은 부정적인 뉘앙스의 단어이니 사용에 주의해야 합니다.

lean

긍정적인 의미의 단어로, 가수 '비'처럼 군살 없고 '**근육질의 호리호리하게 마른**', 한 마디로 잘 관리한 몸매를 말할 때 쓸 수 있습니다.

slim / slender

매우 날씬하고 호리호리한 '**매력적으로 잘 가꾸어진 마른**' 몸매를 말할 때 씁니다.

Oops!

A You look **skinny**! I want to be skinny like you.

B What? Do I look too **thin** and weak?

A No, you look perfect and very healthy. Why do you think you are too thin and weak?

B Because you said I am skinny.

A No, I didn't mean it that way. I wanted to say you look thin and gorgeous.

B Then you should've said "You look **slim**." or "You look **slender**."

A 너 완전 스키니해 보여. 나도 너처럼 마르면 좋겠어.
B 뭐라고? 내가 그렇게 너무 마르고 약해 보이니?
A 아니. 너 완벽하고 아주 건강해 보이는데. 왜 네가 너무 마르고 약하다고 생각하냐?
B 네가 나보고 깡말랐다고(skinny) 했으니까.
A 아니. 나 그런 뜻으로 한 말 아닌데. 난 그냥 네가 마르고 멋져 보인다고 한 거야.
B 그럼. "슬림(slim)해 보여"나 "날씬해 보여(slender)" 라고 했어야지.

---

1 Most of the K-pop stars are known for their **lean**, muscular physique.
대부분의 케이팝 스타들은 군살 없고 근육이 탄탄한 체격인 것으로 알려져 있죠.

2 My friend had to fix her wedding dress since she became **thin** from her diets.
내 친구는 다이어트로 마른 체형이 돼서 웨딩드레스를 고쳐야 했어요.

3 The doctor suggested to Susan that she eat healthier because she is too **bony** for her height.
수잔이 키에 비해 뼈가 드러날 정도로 앙상해서 의사는 더 건강하게 먹어야 한다고 제안했습니다.

4 The stereotype that models should be **skinny** is disappearing.
모델은 깡말라야 한다는 고정 관념이 사라지고 있습니다.

5 He eats like a horse, but somehow stays **slim**.
그는 엄청 많이 먹는데도, 어찌된 일인지 날씬합니다.

6 I was all **skin and bones** before I got pregnant.
전 임신하기 전에는 완전 피골이 상접해 있었어요.

7 Jake was **slender** before he started working out, but now he is muscular.
제이크는 운동 시작하기 전에는 날씬했지만 지금은 근육질입니다.

heavy는 기분 나빠할 단어가 아니에요

MP3 002

heavy

우리가 **'육중한'** 또는 **'무거운'**의 뜻으로 쓸 때 가장 중립적이고 일반적인 단어입니다. 그렇기 때문에 You are heavy.라고 했을 때 상대방이 실제로 육중한 체격이라면 기분 나빠하지 않습니다. 참고로, 양이나 정도가 보통보다 많을 때도 heavy라고 표현할 수 있어요.

overweight

우리말로 **'과체중인'**을 의미하며, 정상 체중 이상의 몸무게가 나가지만 heavy보다 좀 더 약한 정도의 육중한 몸매를 표현할 때 씁니다.

fat

'뚱뚱한'으로 부정적인 의미를 전하는 fat은 명사로 **'지방'**을 뜻하기도 해서, 특정 사람을 '비계 덩어리'로 비유하는 단어입니다. 즉, 상대방의 육중한 체구를 아주 부정적으로 표현하는 단어인 거죠. 그렇기 때문에 상대방에게 You look fat!이라고 하면 엄청 불쾌해할 수 있으니 주의하셔야 해요. 이 fat에서 파생된 fatty는 fatty acid(지방산)처럼 '지방으로 된'의 뜻이지만 사람에게 You are a fatty.라고 하면 비아냥조의 '야, 이 뚱보야!'로 '뚱보'를 의미합니다.

obese

의학 용어로는 **'비만 상태인'**의 뜻이고 명사형인 obesity는 '비만'을 의미합니다. 이렇게만 보면 그렇게 살이 많이 찌지 않은 느낌이죠? 하지만, 실제 대화에서 특정 사람을 지칭해 This person is obese!라고 하면 상대방이 극단적으로 살이 많이 찐 고도 비만인 것을 의미하기 때문에 매우 불쾌하게 받아들일 수 있습니다. 정말 사용에 주의해야 하는 단어입니다.

plump / chubby

상대적으로 긍정적인 의미의 **plump**는 살이 쪄서 **'통통해 보이는'** 것을 의미해요. **chubby**는 plump보다 비격식체로 쓰여서, 주로 **'토실토실한'** 아이를 표현할 때 씁니다.

Oops!

A I have gained a lot of weight these days. I feel I am **overweight**.

B Yeah, you look **fat**. Your family thinks you are an **obese** person.

A What? How can you say to me I am an obese person? I just gained about 10 kilograms more than average people.

B Sorry. Then how do I say that you have a lot of weight?

A In this case, you should use '**heavy**' or '**plump**'.

A 요즘에 나 살이 많이 붙었어. 과체중이 된 느낌이랄까?

B 맞아. 너 뚱뚱해 보여. 너희 가족도 너 고도 비만으로 볼 거야.

A 뭐? 너 어떻게 나한테 고도 비만자라고 말하냐? 사람들 평균보다 10킬로그램 정도 더 찐 것뿐인데.

B 미안. 그러면 내가 너 몸무게 많이 늘었다는 것을 어떻게 표현해?

A 이 경우에는 '육중한(heavy)'이나 '통통한(plump)' 같은 표현을 써야 해.

---

1 **Obese** people have a high risk of diabetes.

비만인 사람은 당뇨병에 걸릴 위험이 높습니다.

2 Cookie Monster is a blue character well-known for being **chubby** and eating cookies.

쿠키 몬스터는 통통하고 쿠키 먹는 것으로 유명한 파란색 캐릭터입니다.

3 I enjoy watching the mukbang TV program hosted by four **overweight** comedians.

저는 과체중 코미디언 네 명이 진행하는 먹방 TV 프로그램을 즐겨 봅니다.

4 It is not a polite thing to say that a person is **fat**.

사람한테 뚱뚱하다고 하는 건 예의가 아니죠.

5 I am still suffering from the **heavy** meal I had yesterday.

어제 한 과식 때문에 아직도 힘들어.

6 Pinching the **plump** cheeks of a baby is the time when I feel the happiest.

아기의 통통한 볼을 살짝 꼬집을 때가 제가 가장 행복한 때예요.

3

웃음소리 유무로
laugh와 smile이 갈려요

MP3 003

laugh
'웃다'의 뜻으로 가장 많이 쓰이는 단어 중 하나로, '**소리 내어 웃다**'의 의미입니다.

smile
역시 '웃다'의 뜻으로 많이 쓰이는 단어인데, '**소리 내지 않고 방긋 웃음 짓다, 미소 짓다**'의 뜻입니다. 명사로는 '**미소**'의 뜻이죠.

grin
smile보다 시각적으로 보이는 게 더 강하며, '**소리 내지 않고 활짝 웃다**'의 뜻이에요. 명사로는 '**씩 웃는 것**'이 되지요.

giggle / chuckle
우리말로 '히히', '키득키득', '크크'처럼 '**작게 소리 내어 웃다**'의 의미로, 가벼운 웃음을 표현할 때 쓰입니다. 우리가 채팅할 때 많이 쓰는 웃음 표현이 'ㅋㅋ' 또는 'ㅎㅎ'인데, 영어에서는 kkk로 표기해요. 크게 웃는 것을 나타낼 때는 lol (laugh-out-loud: 크게 웃다)로 표기합니다.

mock / laugh at
웃는 건 긍정적인 의미지만, 비웃는 건 부정적인 의미잖아요. 이렇듯 조롱하듯 주로 상대방을 깔보거나 약 올릴 때 쓰는 '**비웃다**'의 의미가 바로 mock와 laugh at입니다. laugh 자체는 '**소리 내어 웃다**'이지만 laugh at은 '**비웃다**'의 뜻이니 주의해야 합니다.

> **They just** laughed **to me.** 그들은 나를 향해 웃었다.
> **They just** laughed **at me.** 그들은 나를 비웃었다.

A The kid is so adorable that she always makes me **laugh**.

B Is she funny like a comedian?

A No, she is just an 18-month-old baby. She doesn't talk yet.

B Well, then you should say "She always makes me **smile**." Or "She always makes me **grin**."

A 아이가 너무 사랑스러워서 그 아이를 보기만 해도 늘 깔깔 웃음이 나온다니까.

B 그 아이가 코미디언처럼 웃겨?

A 아니. 걔 이제 겨우 18개월 아가인데. 아직 말도 못 해.

B 음, 그러면 "그 아이 때문에 미소가 지어져(smile)"라고 해야지. 아니면 "그 아이 때문에 활짝 웃게 돼 (grin)"라고 하든가.

---

1 A **smile** spread across her face when he proposed to her.

그가 프러포즈 했을 때 그녀의 얼굴에 미소가 번졌습니다.

2 Tracy and Jen chat and **giggle** all the time.

트레이시와 젠은 늘 수다를 떨며 시시덕거립니다.

3 You can **mock** me, but at least I tried my best.

날 조롱할 수도 있겠지만, 적어도 난 최선을 다했어.

4 The villain in the movie showed a mean **grin**.

영화 속 그 악당은 비열한 웃음을 보였습니다.

5 Don't **laugh**! I'm not joking.

웃지 마세요! 농담하는 거 아니에요.

6 The guys **laughed at** me when I didn't say the correct answer.

내가 정답을 말하지 못하자, 그 녀석들이 나를 비웃었어요.

4

그냥 우는 것(cry)과 어깨를 들썩이며 우는 건(sob) 달라요

MP3 004

cry / weep

가장 일반적인 '울다'의 뜻입니다. weep은 cry와 같은 뜻이지만, 좀 더 격식 있고 문어체의 느낌을 주어 '눈물을 흘리다'의 의미를 띠지요. weep은 명사로 '(한바탕) 울기'의 뜻도 있습니다.

sob

어깨를 들썩이면서 '흑흑 흐느끼며 울다' 또는 '흐느끼며 말하다'의 뜻입니다.

whimper / whine

'징징거리다', '칭얼대다'를 의미해요. 놀라거나 기분이 안 좋아서 '울먹이거나 흐느끼기 시작하다'의 뜻인데, 주로 아이를 묘사할 때 많이 씁니다.

mourn / lament

둘 다 주로 '죽음을 애도하다'의 의미로 쓰여요. 그렇지만 lament가 애도를 넘어 mourn보다 좀 더 격식 있고 문어체 느낌의 '비통해하다'의 뜻을 전합니다.

howl / bawl

howl은 원래 '(늑대나 개가) 길게 울부짖다'는 의미이고, bawl은 주로 '고함치다'의 의미예요. 하지만, He howled/ bawled in pain.처럼 howl과 bawl이 사람에게 쓰이면 '시끄럽게 울부짖다'의 뜻을 나타내기도 합니다.

Oops!

A Hey, why are your eyes so swollen?

B Because I **sobbed** a lot last night.

A You **sobbed**? A sad thing happened last night?

B Yeah, I fell off the bed while I was sleeping. It was painful, so I **mourned**.

A You sound like too poetic for nothing. Just say "I **cried** with pain".

A 야, 너 눈이 왜 그렇게 부었어?

B 어젯밤에 엄청 많이 흐느껴 울었거든.

A 흐느껴 울었다고? 어젯밤에 무슨 슬픈 일이 생긴 거야?

B 그래. 자다가 침대에서 떨어졌거든. 아파서 비통하게 울었어.

A 별 것도 아닌 것 가지고 너무 시적으로 말한다. 그냥 아파서 '울었다(cried)'고 해.

---

1 Peter **mourned** all weekend over his dog's death.
피터는 주말 내내 강아지의 죽음을 애도했다.

2 The baby started to **whimper** when her father walked away.
아기는 아빠가 멀어져 가자 칭얼대며 울기 시작했다.

3 Sometimes you feel better after a good **weep**.
때로는 한바탕 실컷 울고 나면 기분이 나아지기도 해.

4 Thomas started to **sob** uncontrollably.
토마스가 걷잡을 수 없이 흑흑 흐느끼기 시작했어.

5 Please stop. There's nothing to **cry** about.
제발 그만해. 울 것도 하나도 없어.

6 **Whining** won't help you get what you want.
징징대는 건 네가 원하는 걸 얻는 데 도움이 안 돼.

7 The dog next door would not stop **howling** all night.
옆집 개가 밤새 쉬지 않고 울부짖었어.

8 We all **lamented** over our friend's death at the funeral.
우리 모두 장례식에서 친구의 죽음에 비통해했다.

9 The baby started to **bawl** her head off when it was time for lunch.
점심 먹을 시간이 되자 아기가 시끄럽게 울기 시작했다

5

불가능한 걸 원하면서 want를 쓰지 마세요

MP3 **005**

want

'~을 원하다', '~하고 싶다'의 의미로 매우 강하게 어떤 대상을 원하거나 어떤 행동을 하려 할 때 쓸 수 있습니다. 꽤 자기중심적인 표현이라 일상 회화에서는 괜찮지만, 정중한 영어가 필요한 자리에서 want를 지나치게 많이 쓰면 상대방에 대한 배려가 부족한 사람으로 오해받을 수도 있습니다.

would like

'~하고 싶다', '~하면 좋겠다'의 의미로 **want와 비슷하나 좀 더 격식 있고 공손한 표현**입니다. want가 하고 싶은 걸 대놓고 말하는 거라면 would like는 '**~하게 되면 좋겠다**'처럼 원하는 바를 에둘러 정중히 말하는 거죠.

> **I want to go back home now.** (매우 강한 어조로) 지금 집에 가고 싶어요.
> **I would like to go back home now.** (가능하다면 / 허락한다면) 지금 집에 가면 좋겠네요.

hope

want가 가능한 일을 직접 행동까지 옮기려는 능동적인 어조의 표현이라면, hope는 **실현 가능한 일을 직접 행하는 것이 아니라 그것이 이루어지기를 바라고 기대**하는 다소 수동적인 어조의 표현입니다.

I want to go back home now. (강하게) 지금 집에 가고 싶어.	**I hope to go back home now.** (가능하다면) 지금 집에 갈 수 있으면 좋겠어.
I want you to go back home now. (강하게) 네가 지금 집에 가면 좋겠어.	**I hope you to go back home now.** (X) (가능하다면) 네가 지금 집에 가면 좋겠는데. * [hope 목적어 to 동사원형]은 불가
I want that you go back home now. (X) * [want that 주어 + 동사]는 불가	**I hope that you go back home now.** (O) (가능하다면) 네가 지금 집에 가면 좋겠구나.

wish

wish는 would like와 동일한 뜻으로 쓰여 **want의 격식 있는 표현**으로 '~하고 싶다', '~하면 좋겠다'의 의미로 쓰일 수 있습니다. 그때는 다음의 구조를 취합니다.

> **I wish to read this book.** (정중하게) 이 책을 읽고 싶어요. (wish 뒤에 **to** + 동사원형)
> **I wish you a happy holiday.** 즐거운 휴가 보내세요. (wish 뒤에 간접목적어 + 직접목적어)

wish가 이러한 뜻으로 쓰일 때는 hope와 의미상, 구조상 큰 차이가 없습니다.

I hope to see you next time. = **I wish to see you next time.**
다시 뵙기 바랍니다.

I hope you have a pleasant day. = **I wish you a pleasant day.**
즐거운 하루 보내시기 바라요.

wish 주어 + 과거 동사 / 주어 + could/might/would + 동사원형

wish가 이 형태로 쓰이면 실현 불가능한 상황에서 '~이 **가능하면 좋을 텐데**', '~이 **불가능해서 아쉬워**'의 뜻이 됩니다. '~했으면 좋았을 텐데 안 돼서 아쉬웠다' 같은 과거의 뜻은 I wish I had + 과거분사로 쓰지요. wish가 이런 뜻일 때는 hope와 의미가 다르므로 사용과 해석에 주의하세요.

I wish I had enough money to buy a car. 차 살 돈이 충분히 있으면 좋을 텐데 (없어서 아쉬워요).
I wish I had met her last night. 어젯밤에 그녀를 만났으면 좋았을 텐데 (그러지 못해서 아쉬웠어요).

A   I heard that you **wanted** me to join your birthday party, Ms. Lee.
B   I **hope** so. I am sure you **would like to** join my birthday party, right?
A   Of course, I **wish** to be there, but unfortunately, I am going to go on a business trip to London tonight.
B   Oh, no way! I **wish** you could be there this time.
A   Sorry. I **wish** I could be there. Anyway, **wish** you a happy birthday!

A   이 선생님, 제가 선생님 생일 파티에 참석하길 원하신다고 들었습니다.
B   그러면 좋겠어요. 제 생일 파티에 꼭 참석하고 싶으신 것으로 아는데, 맞죠?
A   물론이죠. 생일 파티에 참석하고 싶지만 아쉽게도 오늘밤에 런던으로 출장을 가게 되어서요.
B   아이고, 안 되는데. 이번에 참석하시면 좋을 텐데 그러지 못 하시다니 아쉽네요.
A   죄송합니다. 저도 거기 갈 수 있으면 좋을 텐데 아쉽습니다. 어쨌든, 생일 축하드립니다.

WANT, WOULD, HOPE, WISH의 디테일

MP3 006

want와 would like는 다음 세 가지 형태로 문장에서 표현이 가능합니다.

(want 뒤에 목적어) **I want this book.** 이 책 가지고 싶어요.	(would like 뒤에 목적어) **I would like this book.** (정중하게) 이 책 가지고 싶어요.
(want to + 동사원형) **I want to read this book.** 이 책 읽고 싶어요.	(would like to + 동사원형) **I would like to read this book.** (정중하게) 이 책 읽고 싶어요.
* 주의 (want that 주어 + 동사: 불가) **I want that you read this book. (X)** (want + 목적어 + to 동사원형) **I want you to read this book. (O)** 당신이 이 책을 읽기를 원해요.	* 주의 (would like that 주어 + 동사: 불가) **I would like that you read this book. (X)** (would like + 목적어 + to 동사원형) **I would like you to read this book. (O)** (정중하게) 당신이 이 책을 읽으면 좋겠어요.

hope와 wish는 뒤에 나오는 구조에 따라 의미가 달라지니 주의해야 합니다.

I hope you finished your work this time. 이번에는 일을 끝냈기를 바랍니다.	**I wish you finished your work this time.** 이번에 네가 일을 끝내면 좋을 텐데 (그렇지 못하니 아쉽네).
I hope you had a great time 즐거운 시간 보내셨기 바랍니다.	**I wish you had a great time.** 즐거운 시간 보내면 좋을 텐데 (그렇지 못해서 아쉽네).
I hope you will be a new president. 당신이 새 대통령이 되기를 바랍니다.	**I wish you would be a new president.** 당신이 새 대통령이 되면 좋을 텐데요 (그렇지 못해서 아쉽네요).
I hope you can be our new team member. 당신이 우리 팀 신생 멤버가 될 수 있기를 바랍니다.	**I wish you could be our new team member.** 당신이 우리 팀 신생 멤버가 될 수 있으면 좋을 텐데요 (그렇지 못해서 아쉽네요).
I hope you did a good job this time. 이번에는 잘했기를 바랍니다.	**I wish you had done a good job this time.** (과거 일의 아쉬움) 이번에 잘했으면 좋았을 텐데요 (그렇지 못했다니 아쉽네요).

Oops!

A   Hey, I heard you had a great party yesterday.

B   Yeah. I invited all my family members there.

A   I **wish you had** a great time with them.

B   What? Why do you think I did not have a great time with my family?

A   No, I didn't mean it. I mean, you had a great time with them, right?

B   In this case, you shouldn't say "**I wish you had a great time with them**". You should say "**I hope you had a great time with them**".

A   야, 어제 너 파티 잘했다고 들었어.

B   응. 우리 가족 모두 초대했어.

A   네가 가족들과 좋은 시간 보내면 좋을 텐데 그러지 못해 아쉽네.

B   뭐? 왜 내가 가족들이랑 좋은 시간 못 보냈다고 생각해?

A   아니, 그런 뜻이 아닌데. 내 말은 네가 가족들과 즐거운 시간을 보냈구나 인데. 맞지?

B   이런 경우에는 I wish you had a great time with them. (가족들과 좋은 시간 보내면 좋을 텐데 그러지 못해 아쉽네.)라고 하면 안 돼. I hope you had a great time with them. (가족들과 즐거운 시간 보냈기 바라.)라고 해야 하는 거야.

---

1   My husband **wants** a daughter, but I **want** a son.
남편은 딸을 원하지만 저는 아들을 원해요.

2   I **would like** to leave work early and pick up my daughter.
일찍 퇴근해서 딸을 데리러 가고 싶어요.

3   Good luck! I **hope** it goes well.
행운을 빌어! 잘되면 좋겠다.

4   We **wish** you to change the subject because this subject is uncomfortable.
이 주제가 불편하니 당신이 화제를 바꾸셨으면 합니다.

contain

'어떤 대상이 내용물을 포함하고 있다'를 뜻합니다. 주로 특정 대상에 들어 있는 물건을 지칭할 때 쓰기 때문에, 대상이 사람일 때 contain을 쓰면 어색한 표현이 됩니다.

My team contains me and three of my friends. (X)

include

어떤 대상에 일부 역할을 하는 **'구성 요소의 하나로 포함되어 있다'**의 의미로 쓰입니다. 구성 요소의 일부를 표현할 때는 include를 쓰지만 전체를 표현할 때는 consist of를 씁니다.

My team includes me and three of my friends.
우리 팀에 나와 내 세 친구가 포함돼 있다. (전체 팀원 중에 나와 세 친구가 일부인 상황)

My team consists of me and three of my friends.
우리 팀은 나와 내 세 친구로 되어 있다. (전체 팀원이 나와 세 친구 총 네 명인 상황)

involve

뭐가 단순히 들어 있는 게 아니라 다른 것과 상호 작용을 일으키거나 그런 행동에 적극적으로 관여하는 뉘앙스가 있습니다. include가 하나의 일부로 포함돼 있는 수동적인 어감이라면 involve는 특정 대상에 **'포함되어 (적극적으로) 활동하다'** 같은 능동적인 의미로 쓰이죠.

I am included in this project. 나는 이 프로젝트의 일원이다.
I am involved in this project. 나는 이 프로젝트의 일원으로 (적극적으로) 활동하고 있다.

entail (= involve)

involve와 같은 의미이지만 **좀 더 격식 있는 느낌의 표현**으로 쓰입니다.

> **This box contains a ball and a glove.**
> 상자 안에 공과 글러브가 포함되어 있다. (공과 글러브 같은 내용물이 들어 있음)
>
> **Sales tax is included in the price of this product.**
> 이 제품 가격에 판매세가 포함되어 있다. (제품가 + 판매세를 추가해야 최종 가격이 됨)
>
> **My role involves (= entails) a lot of counseling works.**
> 내 역할은 많은 상담 일을 수반한다. (내 업무와 상담 활동이 연관돼 적극 활동한다는 의미)

A   I am **involved** in a vegetarian community, so I just want to buy some boxed lunch with no meat.

B   I see. No meat is **included** in your lunch boxes.

A   Then, what is in there?

B   Your meal box **contains** two vegetable sandwiches and a bowl of mixed fruit.

A   That sounds good. Is the VAT **included** in the total price?

B   Yes. Everything is **included** in the total price.

A   제가 채식주의자 모임에 속해 활동하고 있거든요. 그래서 고기가 안 들어 있는 점심 도시락을 사고 싶은데요.

B   알겠습니다. 선생님 점심 도시락에는 고기가 들어 있지 않습니다.

A   그럼, 안에 뭐가 있나요?

B   도시락 안에 채소 샌드위치 두 개와 과일 믹스 한 그릇이 있습니다.

A   좋네요. 부가세는 총액에 포함되어 있나요?

B   네. 총액에 다 포함되어 있어요.

---

1   This jar **contains** my grandmother's homemade apple jam.
이 병에는 우리 할머니의 수제 사과잼이 들어 있다.

2   Grandmother **included** pear puree for her new recipe for apple jam.
할머니는 사과잼에 새 요리법으로 배 퓨레를 포함시켰다.

3   My mother was **involved** in making the jam with my grandmother.
엄마는 할머니와 함께 그 잼 만드는 일에 참여하셨다.

4   My plan to sell my grandmother's jam **entailed** great challenges.
할머니가 만드신 잼을 팔려는 내 계획은 큰 도전이 수반되었다.

비행기 연착에 postponed 라고 하는 공항은 없어요

MP3 008

delay

일 진행에서 어떤 문제가 발생하거나, 통제할 수 없는 상황이 생겨 **어쩔 수 없이 연기되어야 할 때** 씁니다. delay는 원하지 않지만 부득이하게 미뤄야 하는 상황이라 부정적인 어감을 전하죠. 하지만 원어민들은 delay의 경우에는 상황이 좋아지면 다시 재개될 것으로 판단하기 때문에 일정 자체가 바뀌는 상황보다는 지연되는 상황에 많이 사용합니다.

postpone

delay가 어쩔 수 없는 상황 때문에 연기하는 것이라면 postpone 은 **더 좋은 상황을 만들기 위해서 연기할 때** 씁니다. 주로 일정이나 행사를 연기할 때 쓰지요.

> **주의**
>
> **delay**는 부득이하게 연기됐으나 상황이 좋아지면 다시 일이 진행될 것으로 생각합니다. 하지만 **postpone**은 진행 일정 자체가 아예 바뀌었다고 생각하기 때문에 상황에 맞게 잘 사용해야 합니다.
>
> **The departure of my flight has been delayed**. 내 비행기 출발이 연기됐다.
> (출발 일정이 부득이하게 지연되었지만 상황이 좋아지면 출발할 수도 있다고 생각함)
> **The departure of my flight has been postponed.**
> 내 비행기 출발이 연기됐다. (출발 일정이 아예 바뀌었다고 생각함)

put off (= postpone)

postpone과 같은 뜻이지만 **좀 더 구어체적인 느낌의 표현**입니다.

defer

postpone이 일정이나 행사를 연기할 때 많이 쓰인다면, defer는 **지불 여부 또는 어떠한 행동이나 의사에 대한 결정을 미룰 때** 씁니다.

suspend

일 진행에 대한 최종 결정이 있을 때까지 일시적으로 멈추고 공식적으로 유보하는 것을 의미합니다.

'프로젝트를 다음 달까지 연기하기로 했어요.' 단어별 뉘앙스 차이

We decided to <u>delay</u> our project until next month.
부득이한 사유가 생겨서 원치 않게 연기
We decided to <u>postpone</u> our project until next month.
준비, 개선 등의 이유로 연기
We decided to <u>put off</u> our project until next month. 회화체 표현으로 스스로 연기
We decided to <u>defer</u> our project until next month. 프로젝트 진행 여부의 결정을 연기
We decided to <u>suspend</u> our project until next month.
프로젝트 진행을 다음 달까지 안 하기로 함

A   The baseball game has been **delayed** in the bottom of the 5th inning due to the rain. People in the baseball stadium are waiting until the game starts again.

B   But the weather is getting too cold. Don't you think the game should be **postponed**?

A   That's for sure. But the baseball league has been **suspended** for the past 3 months due to the natural disasters. To complete the league schedule on time, I guess this game would not be **put off**.

B   Yeah, the baseball commissioner has **deferred** on releasing the schedule so far. But this game should be **postponed**. Otherwise, all the players and spectators could catch a cold.

A   야구 경기가 5회 말에 비 때문에 지연되고 있어. 경기장에 있는 사람들이 경기가 재개될 때까지 기다리는 중이야.
B   하지만 날씨가 너무 추워지는데. 경기 일정 자체가 연기돼야 할 것 같지 않아?
A   물론 그렇긴 해. 하지만 야구 리그가 지난 3개월 동안 자연 재해 때문에 중단됐잖아. 정해진 일정대로 리그를 마치려면 이 경기는 연기 안 될 것 같아.
B   그래. 야구 협회장이 지금까지 리그 일정 발표하는 것을 연기해 왔으니까. 하지만 이번 게임은 연기돼야 해. 안 그러면 모든 선수와 관중들이 감기에 걸릴 수도 있어.

1   I hope the bank will let me **defer** mortgage payment for a month.
은행에서 담보 대출금 상환을 한 달 연기해 주면 좋겠어.

2   We had to **postpone** our wedding to September because of the epidemic.
우리는 전염병 때문에 결혼식을 9월로 연기해야만 했다.

3   The flight to LA was **delayed** due to the fog.
안개 때문에 LA행 비행기가 연착되었다.

4   Don't **put off** today's work until tomorrow.
오늘 일을 내일로 미루지 마라.

5   I had to **suspend** my stolen card.
도난당한 카드를 일시 정지시켜야 했다.

8 의식하냐 안 하냐에 look과 see가 갈려요

MP3 **009**

	의식하지 않고	의식해서	상황을 보고 판단해서
👁	**see** 보이다	**look (at)** 보다	**seem** ~처럼 보이다
👂	**hear** 들리다	**listen (to)** 듣다	**sound** ~처럼 들리다

see / hear

신경을 쓰지 않아도 눈을 뜨고 의식이 있으면 보이는 것이 **see**이고 들리는 것이 **hear**입니다.

> **I see a great view of the Han River.** 한강의 멋진 뷰가 보여요.
> **I hear something very noisy.** 큰 소음이 들리는데요.

look / listen

특정한 대상을 '신경 써서' 보는 것은 **look**이고 **'신경 써서' 듣는 것**이 **listen**입니다. 신경 써서 보고 듣는 명확한 대상이 있을 때는 look at, listen to 형태로 쓰입니다.

> **Look at the nice car!** 저 근사한 차 좀 봐요.
> **Listen to what I am saying!** 내가 하는 이야기 잘 들어!

seem / sound

seem과 sound는 둘 다 '~인 것 같다'로 해석합니다. **특정 상황을 보고 '~처럼 보인다'고 판단**을 하면 **seem**이고, **듣고 나서 '~처럼 들린다'고 판단**을 하면 **sound**라고 합니다. 즉, seem과 sound는 있는 그대로 보고 듣는 것이 아니라, 상황을 판단해 보고 의견을 말할 때 쓰는 표현입니다.

> **You seem to enjoy riding a bike.** (자전거 타는 걸 보고서) 자전거 타는 걸 좋아하는 것 같네요.
> **The story sounds very interesting.** (이야기를 듣고서) 그 이야기 아주 흥미롭게 들리는데요.

A   Hey. **Look** at the other team. All the players are not running but walking.

B   Yeah. They **seem** to be fully exhausted.

A   I don't think so. Can you **see** the coach up there? **Listen** carefully to what their coach is saying.

B   I can't **hear** anything because it's too noisy.

A   I **heard** part of what he just said. His comments **sound** very weird. It **seems** like the coach is looking past this game to the next match.

A   야, 상대팀 좀 봐 봐. 모든 선수들이 뛰지 않고 걷고 있어.

B   그래. 완전히 지친 것처럼 보이네.

A   난 그렇게 생각 안 해. 저 위쪽에 있는 코치 보여? 코치가 말하는 걸 주의 깊게 들어봐.

B   너무 시끄러워서 아무것도 안 들리는데.

A   내가 코치가 말한 내용 일부를 들었어. 그 사람 코멘트가 아주 이상하게 들려. 코치가 다음 경기 때문에 이번 경기는 그냥 넘기려고 하는 것 같아.

---

1   It **seems** that we all agree on changing the tiles in the bathroom.
우리 모두 화장실 타일을 바꾸는 데 동의하는 것 같네요.

2   Have you been overworking? You **look** wiped out.
초과 근무를 하고 있는 거야? 너 완전히 녹초가 된 것 같아.

3   I **saw** my cute niece yesterday.
난 어제 귀여운 내 여자 조카를 보았다.

4   It **sounds** like you've been through hell.
지옥을 헤쳐 나온 것처럼 들리네요.

5   Can you **listen** out for the doorbell? The pizza delivery is going to be here very soon.
초인종 울리는지 좀 들어줄래? 곧 피자 배달이 올 거야.

6   We could **hear** the crying baby through the wall.
벽을 통해 우리는 우는 아기 소리를 들을 수 있었다.

작은 거라고
무조건 small을 쓰지 마세요

MP3 010

small

객관적으로 특정 대상의 크기가 **일반적인 기준보다 '작은'** 또는 **'수나 양이 적은'**의 의미로 쓰입니다. 또, 중요하거나 심각하지 않는 **'사소한'**(minor)의 의미로 쓰이기도 하고요. small과 동일한 의미로 키가 작을 때는 short, 옷 등이 작을 때는 tight로 표현하기도 합니다.

a small shirt: 크기가 작은 셔츠   a small amount of money: 적은 돈
small numbers of people: 적은 수의 사람들   a small problem: 작은 (사소한) 문제점

little

주관적으로 판단하여 대상의 크기가 **작음**을 나타낼 때 씁니다. 또 little은 small과 달리 **'나이가 어린'**의 의미로도 쓸 수 있습니다.

There is a small cap. (누가 보기에도) 작은 모자가 있어요.
There is a little cap. (내가 보기에) 작은 모자가 있어요.
He is a small boy. 그는 키가 작은 소년이에요.
He is a little boy. 그는 나이 어린 소년이에요.

little은 셀 수 없는 명사 앞에 놓여 양의 정도를 표현하기도 해요. 이 경우, **a little**은 긍정적인 뉘앙스로 **'조금 있는'**의 뜻이고, a 없이 **little**만 쓰면 부정적인 뉘앙스인 **'거의 없는'**의 뜻이에요.

| 주의 |

같은 의미로 셀 수 있는 '가산명사' 앞에 놓여 수의 정도를 표현할 때는 **little** 대신 **few**를 씁니다. 역시 **a few**는 '조금 있는'의 긍정적인 의미이고, **few**는 '거의 없는'의 부정적인 의미가 됩니다.
I have a little water. 저한테 물이 조금 있어요. **I have a few baskets.** 바구니가 몇 개 있어요.
I have little water. 전 물이 거의 없어요.   **I have few baskets.** 바구니가 거의 없어요.

tiny (= extremely small)

'아주 작은', **'아주 적은'**을 의미하며 비슷한 표현인 mini는 구어체에서 '소형의' 의미입니다.

minor

특정 상황에서 '**상대적으로 덜 중요하거나 심각하지 않은**' 또는 '**경미한**'의 의미로 쓰입니다. 반대어로는 '중대한'을 뜻하는 major가 있죠. minor와 비슷한 의미로 쓰이는 petty는 다소 부정적인 의미로 쓰여서 '사소한', '하찮은'을 뜻합니다.

minor / major / petty issues: 가벼운 / 중대한 / 사소한 문제점들

A This shirt is too **small** to fit me.

B Why did you buy such a **tiny** shirt?

A I bought it online. A typical **small**-size shirt is okay with me though it is **a little** tight.

B Hey, why don't you sell this shirt to me? I guess this is a good fit for my **little** brother.

A Okay. If you want this, I can sell it. But I got to tell you that there is a **minor** color difference between the left and right sleeve.

B That looks okay. My **little** brother won't care about such a **petty** difference at all.

A 이 셔츠가 너무 작아서 내 몸에 안 맞아.

B 왜 그렇게 너무 작은 셔츠를 샀어?

A 이 셔츠 온라인에서 샀거든. 일반 스몰 사이즈 셔츠는 약간 꽉 끼긴 해도 괜찮은데 말이야.

B 야, 이 셔츠 나에게 팔래? 내 남동생에게 잘 맞을 것 같아.

A 그래. 원하면 팔게. 그런데 말할 게 있는데 이 셔츠 왼쪽이랑 오른쪽 소매 색깔 차이가 조금 있어.

B 괜찮아 보이는데. 내 남동생은 그런 사소한 차이 같은 건 전혀 신경 쓰지 않을 거야.

---

1 A **tiny** hole on the hull was the reason my boat sank.
선체에 아주 작은 구멍이 생겨 내 배가 침몰했다.

2 **Small** shops usually become a casualty of the recession or political dark ages.
작은 가게들이 대개 불경기나 정치적 암흑기의 희생자가 된다.

3 Blake's Korean is improving **little** by **little**.
블레이크의 한국어 실력이 조금씩 향상되고 있다.

4 She can put up with **minor** inconveniences without a problem.
그녀는 사소한 불편쯤은 문제없이 참아 낼 수 있다.

피자 큰 거는 big size일까요, large size일까요?

MP3 011

big

'형체가 큰'을 의미하며, 주로 **위아래로 큰 느낌을 강조**할 때 씁니다. 일상생활에서는 large보다 좀 더 격식 없는 느낌으로 쓰이지요. big은 a big box(큰 상자)처럼 시각적으로 크기가 큰 것을 의미하기도 하고, a big problem(큰 문제점)처럼 강도나 중요함 같은 성질을 표현하기도 합니다.

large

big보다 좀 더 격식 있는 표현으로 '형체가 큰'을 뜻하지만, big이 위아래로 큰 느낌이라면 large는 **양 옆으로 부피, 넓이가 큰 느낌을 강조**할 때 쓰입니다. 그래서 숫자나 공간이 큰 의미로 쓰여 number(수), amount(양), part(부분), room(여유 공간) 같은 단어와 잘 어울리죠. 영화관의 '큰 화면'처럼 위아래, 양 옆으로 다 큰 물체를 표현할 때는 a big screen이나 a large screen 모두 의미상 큰 차이가 없습니다. 참고로, big은 양적, 질적인 크기 표현이 다 가능하지만, large는 양적인 크기를 표현할 때만 쓰기 때문에 사용에 유의해야 합니다.

	자연스러움	어색함
체구가 큰 소년	a big boy	a large boy
큰 (중요한) 결정	a big decision	a large decision
큰 (강한) 지진	a big earthquake	a large earthquake
큰 (나이 든) 형	a big brother	a large brother
큰 (넓은) 공간	a large space	a big space
큰 (많은 양의) 돈	a large amount of money	a big amount of money
많은 수의 사람들	a large number of people	a big number of people

great

great는 주로 추상명사 또는 셀 수 없는 명사 앞에 쓰여 단순히 크기가 큰 것이 아닌 커서 훌륭하거나 놀라워 **감탄을 자아낼 정도**로 '대단한', '위대한', '훌륭한', '상당한'의 의미로, 큰 것을 좋게 평가하는 의미로 쓰입니다.

huge (= extremely big / large / great)

크기, 수량, 정도가 매우 큰 것을 표현하는 '엄청난', '거대한'의 뜻입니다. huge는 어떤 일이 '중대한' 것을 뜻하기도 하며, 이 경우에는 major도 자연스럽습니다.

a big building: 높고 큰 건물　　　　**a large building**: 공간이 넓은 건물

a great building: 대단히 잘 지어진 건물　　**a huge building**: 엄청나게 큰 건물

A　This shirt is too **big** to fit me.

B　Wow, that is **huge**. Why did you buy such an extra-**large** shirt?

A　A typical **large**-size shirt is okay with me though it is a little loose.

B　Hey, why don't you sell this shirt to me? I guess this is a good fit for my **big** brother.

A　Okay. But as you can see, there is a **huge** color difference between the front and back side of this shirt. The front is black, and the back is white. Some people don't like such a big color tone difference.

B　That looks **great**. You've never seen my **big** brother, have you? He is as **huge** as a giant. So the larger size of a shirt matters a lot, but the color difference between the front and back side wouldn't be a **major** issue to him.

A　이 셔츠가 너무 커서 몸에 안 맞아.

B　이야, 엄청 큰데. 왜 그렇게 큰 사이즈 셔츠를 샀어?

A　일반 라지 사이즈 셔츠가 약간 헐렁하긴 해도 나한테는 괜찮거든.

B　야, 이 셔츠 나에게 팔래? 우리 큰 오빠한테 잘 맞을 것 같아서.

A　그래. 하지만 너도 보이겠지만 이 셔츠 앞면이랑 뒷면이 색깔 차이가 아주 크게 나. 앞면은 검정색이고 뒷면은 흰색이야. 어떤 사람들은 이렇게 큰 색깔 톤 차이를 안 좋아하더라고.

B　멋져 보이기만 한데. 너 우리 큰 오빠 본 적 없지? 거인처럼 덩치가 엄청 커. 그래서 더 큰 사이즈 셔츠가 오빠한테 아주 중요하지, 앞면 뒷면의 색깔 차이는 오빠한테 중대한 문제가 아니야.

1　We have a **huge** tree in our backyard.

우리 집 뒤뜰에는 엄청 커다란 나무가 있다.

2　Industrialization helped people to achieve **great** things in history.

산업화는 사람들이 역사상 위대한 것을 성취해 내도록 도왔다.

3　Susanna has a **large** garage for her **big** car.

수잔나는 자신의 큰 차를 넣을 넓은 차고가 있다.

---

11 평서문의 many/much, 실은 꽤 격식 있는 어조예요

MP3 012

a lot of

'**많은**'의 의미로 일상생활 영어에서 **many**와 **much**를 대신해 쓰입니다. 같은 의미로 lots of, plenty of가 있으며, '엄청 많은'을 표현할 때는 a ton of, tons of라고도 합니다.

> **I ate** a lot of **pizza yesterday.** 나 어제 피자 많이 먹었어요.
> **I met** a lot of **friends at the party.** 파티에서 많은 친구들을 만났어요.
> **He has earned** tons of **money.** 그는 엄청 많은 돈을 벌었다.

many / much

many는 셀 수 있는 명사의 복수형, **much**는 셀 수 없는 명사와 함께 쓰여 '**많은**'을 의미합니다. many와 much는 **의문문이나 부정문에서 '많은'을 표현**할 때 주로 사용하며, 일반적인 평서문에서 many, much는 아주 격식 있는 어조로 보이기 때문에 잘 쓰이지 않고 보통 a lot of를 사용합니다. 하지만 일반 평서문에서도 many, much 앞에 too 또는 so가 있을 때는 격식체가 아닌 그냥 '아주 많은'의 뜻으로 쓰이기도 하기에 주의해야 합니다.

의문문	**How** many **students are in your class?** 수업에 학생들이 몇 명 있어요?	**How** much **money do you need?** 돈이 얼마나 필요해?
부정문	**I don't have** many **students in my class.** 내 수업에는 학생이 많이 없어요.	**I don't need** much **money.** 돈 많이 안 필요해.
평서문	**I have** a lot of **students in my class.** (일반적임) 내 수업에 학생이 많아. **I have** too many **students in my class.** (일반적임) 내 수업에 학생이 너무 많아. **I have** many **students in my class.** (격식) 제 수업에 학생들이 많지요.	**I have** a lot of **money.** (일반적임) 나 돈 많아. **I have** so much **money.** (일반적임) 나 돈 아주 많아. **I have** much **money.** (격식) 저 돈 많습니다.

'더 많은'을 뜻하는 many와 much의 비교급은 more, '가장 많은'의 최상급은 most입니다.

원급	**I have** many **students.** 전 학생이 많아요.	**I have** much **money.** 전 돈이 많아요.
비교급	**I have** more **students than Tom.** 전 톰보다 학생이 더 많아요.	**I have** more **money than Tom.** 전 톰보다 돈이 더 많아요.
최상급	**I have the** most **students in my school.** 제가 저희 학교에서 학생이 가장 많아요.	**I have the** most **money in my town.** 제가 저희 동네에서 돈이 제일 많아요.

considerable

'**상당한**', '**많은**'을 의미하는 격조 있는 단어이며, 비슷한 어조로 a great deal of가 있습니다.

They spent a considerable amount of money.
(= **They spent a great deal of money.**)
그들은 상당히 많은 금액을 지출했다. (격식)

A How **many** people have promised to join our new showcase next week?

B We don't have **much** information of their participation rate yet.

A I guess **a lot of** people are very interested in our new product.

B Sure! **Many** people have spent **tons of** money to develop this product, but no one has reached the goal. We are the first one to solve that issue!

A Yeah, we've spent a **considerable** amount of time and money, so we deserve to gain **a great deal of** success.

A 몇 명이나 다음주 쇼케이스에 참여하기로 약속했죠?

B 아직 사람들의 참여율에 관한 정보가 많이 없습니다.

A 많은 사람들이 우리 신제품에 아주 관심이 있을 것 같은데요.

B 그럼요. 이 제품을 개발하려고 다수의 사람들이 엄청 많은 돈을 썼지만 어느 누구도 목표에 도달하지 못했죠. 우리가 첫 번째로 이 문제를 해결할 겁니다.

A 네, 우리도 상당한 양의 시간과 돈을 썼고, 그래서 상당히 크게 성공할 자격이 있다고 봐요.

---

1 **A lot of** people gathered at the square for the festival.
많은 사람들이 축제를 위해 광장에 모였다.

2 She showed **considerable** talent at the talent show.
그녀는 장기 자랑 프로에서 상당한 재능을 보였다.

3 **Many** children lost their homes due to war.
전쟁으로 인해 많은 어린이들이 집을 잃었죠.

4 Our teacher gave us too **much** homework for the summer break.
우리 선생님은 여름방학 숙제를 너무 많이 내주셨다.

다양한 뉘앙스의 화장실 영어 표현

화장실은 영어권 국가들마다 다양한 단어로 표현하고 있고, 일부 단어들은 국가별로 뜻이 달라서 잘못 쓰면 오해가 생길 수도 있습니다. 한 예로, 우리가 잘 아는 toilet은 영국과 유럽 국가에서는 일반적인 '화장실'을 뜻하지만, 미국에서는 '변기'를 의미하기 때문에 미국인을 처음 만난 자리에서 "Where is a toilet here?"라고 물어보면 "여기 변기 어디 있나요?"의 직설적인 의미가 되어 상대방이 당황할 수도 있습니다. 지금부터 화장실과 관련된 다양한 단어들의 쓰임과 뉘앙스를 공부해 볼까요?

restroom
전 세계적으로 가장 많이 보편적으로 쓰이는 화장실 관련 영어 표현입니다. 보통은 집밖의 건물에 있거나 공중화장실을 칭할 때 많이 쓰죠. 화장실을 찾을 때 어떤 상황에서든 쓸 수 있는 무난한 표현입니다.

toilet
영국과 유럽 지역에서 restroom을 대신해 사용할 수 있는 표현입니다. 하지만 미국에서는 화장실 내에 있는 '양변기'를 뜻하기 때문에 사용에 주의하셔야 해요. 참고로 남성용 소변기는 urinal이라고 합니다.
화장실에서 사용하는 두루마리 휴지는 toilet paper고, 손 닦는 종이는 paper towel입니다. 우리가 잘 아는 티슈는 외국에서 주로 얼굴 닦는 용도로 많이 쓰여서 facial tissue라고 하며, 식사할 때 입 또는 손에 묻은 음식물을 닦는 종이는 napkin이라고 하죠. 서양에서 두루마리 휴지는 '화장실용'이라는 인식이 강해서, 우리나라 사람들이 냅킨 대신 두루마리 휴지를 사용하는 모습에 외국인들이 처음에는 많이 당황하기도 합니다.

bathroom
보통 욕조(bathtub)가 있는 화장실을 뜻합니다. 그래서 주로 가정에 있는 화장실을 표현할 때 많이 쓰죠. 가정에 있는 화장실 중에서도 욕조나 샤워 시설 없이 양변기와 세면대만 있는 화장실은 half-bath(room)이라고도 합니다.

lavatory

예전에는 영국에서 공중화장실을 주로 지칭하였으나, 오늘날에는 비행기 내의
화장실을 지칭하는 표현으로 국한되어 쓰이고 있습니다.

washroom / W.C. / C.R.

washroom은 주로 캐나다에서 공중화장실을 뜻합니다. W.C.는 water closet의
줄임말로 주로 양변기와 세면대가 있는 공중화장실을 가리키는 말이었지만,
요즘에는 영어권 국가에서는 잘 쓰이지 않고 우리나라나 일부 아시아
국가에서 화장실을 표기할 때 볼 수 있는 표현입니다. C.R.은 comfort room의
줄임말로 필리핀에서 주로 쓰이며, 화장실의 또 다른 표현입니다.

the john, loo

the john은 1700년대 수세식 화장실을 처음 발명했던 John Harrington 경의 이름에
서 나온 표현으로, 주로 미국 구어체 영어에서 비격식체로 화장실을 뜻합니다.
같은 의미로 loo는 영국에서 화장실을 뜻하는 구어체 표현으로 많이 씁니다.

men's room, ladies' room

공중화장실에서 남성용 화장실을 men's room 또는 the gents라고 하고요,
여성용 화장실은 ladies' room 또는 the ladies라고 합니다. 외국 여행을 다니다 보면
음식점 내 화장실이나 공중화장실에서 흔히 볼 수 있는 표현입니다.

potty

potty chair 같은 이동식 유아용 변기를 뜻하며, 주로 어린 아이들이 많이 쓰는
표현으로 성인이 쓰기에는 너무 유아적이어서 사용에 주의해야 합니다.

12

'짚신도 짝이 있다'의 짝은 pair일까요, couple일까요?

MP3 013

pair

pair는 a pair of socks처럼 **같은 모양과 종류의 대상 두 개**를 의미하거나 a pair of jeans처럼 **두 부분이 붙어서 하나로 만들어지는 물건**을 뜻합니다. 뒤에 오는 명사에 따라 우리말 해석이 '켤레, 벌, 짝' 등으로 바뀔 수 있습니다. 또 pair가 사람에게 쓰일 경우에는 일을 함께 하거나 특별한 관계가 있는 **'두 사람, 쌍'**을 뜻해요. 사람에 쓰이든 사물에 쓰이든 pair는 조화를 잘 이루는 두 가지 대상을 일컫는 말입니다.

couple

두 가지 대상의 조화를 중시하는 pair와 달리, couple은 **단순히 두 개의 대상을 일컫는 말**입니다. 사람을 지칭할 때는 **'연인'** 또는 **'결혼한 남녀 한 쌍'**을 뜻하죠. pair와 다르게 a couple of people은 두 명이 아닌 세 명 정도도 가능해서, 우리말로 하면 '두어 명' 정도로 해석할 수 있습니다.

> **I have a pair of socks.** 양말 한 켤레 있어요. (한 쌍의 양말이 같은 짝이어야 함)
> **I have a couple of socks.** 양말 두어 켤레 있어요. (종류가 같지 않아도 됨)

both

주어진 대상이 **두 개일 때 둘 다를 지칭**하는 표현입니다. both는 항상 복수의 의미로 쓰이며 both shoes(신발 두 개 다)처럼 명사 앞에서 쓰이거나 Both are great shoes.(둘 다 멋진 신발이야.)처럼 대명사로 쓰일 수도 있습니다.

두 개 중에 선택할 때 두 개 다 필요하면 both, 둘 중 하나가 필요하면 either, 둘 다 필요 없으면 neither로 표현합니다.

> **There are two different cars.** 두 대의 다른 차량이 있어요.
> **I want both (cars).** 두 대 다 원해요.
> **I want either (car).** 둘 중 한 대만 원해요.
> **I want neither (car).** 두 대 다 안 원해요.

A What do you want to do for Parents' Day?

B I am going to order a **pair** of shoes for my mom.

A That's a good idea. How about your father?

B He loves drinking wine, so I am going to buy **a couple** bottles of wine for him.

A Are you going to order **both** red and white wines?

B Well, **either** one is okay with my dad because he loves **both**.

A How about your uncle and his wife?

B I don't need to care for that **couple** myself. Their son and daughter will take care of them.

A 어버이날 대비 뭐 할 거야?

B 엄마한테 드리게 신발 한 켤레 주문하려고 해.

A 좋은 생각이네. 아버지 건 뭐 할 거야?

B 아빠는 와인 마시는 걸 엄청 좋아하셔서 와인 두어 병 정도 사려고.

A 레드 와인이랑 화이트 와인 둘 다 살 거야?

B 글쎄, 아빠는 둘 다 좋아하시니까 둘 중 하나도 괜찮아.

A 삼촌이랑 숙모는 어떻게 할 거야?

B 그 부부는 내가 신경 쓸 필요가 없지. 그분들 아들 딸이 챙기겠지.

---

1 Don't forget to bring your comfortable pants and a **pair** of sneakers on the camping trip.

캠핑 여행에 편안한 바지와 운동화 한 켤레 가져오는 것 잊지 마세요.

2 Give me a **couple** of minutes. There are a **couple** of things I have to do first.

몇 분만 더 주세요. 제가 먼저 해야 할 일이 두어 가지 있어서요.

3 **Both** men and women are free to use the facility.

남녀 모두 자유롭게 시설을 이용할 수 있습니다.

13

신의 존재를 믿을 때는 trust를 안 써요

MP3 014

believe

believe는 특정 상황에서 일어난 '사람의 말이나 행동을 믿다'의 의미로 쓰입니다.

> **I don't believe you.** 지금 당신이 하는 말, 안 믿어요.
> **Believe me.** 제 말(행동)을 믿어 주세요.

trust

trust는 '그 사람 자체를 믿다, 신뢰하다'의 의미입니다. 그렇기 때문에 believe가 어떠한 특정 상황에서 대상의 '말이나 행동을 믿다' 같은 한시적인 의미라면, trust는 '지속적인 경험을 통해 만들어진 신뢰를 바탕으로 믿다'의 의미입니다.

> **I don't trust you.** 당신이란 사람을 신뢰하지 않아요. (그간 봐 온 행동으로 신뢰가 안 감)
> **Trust me.** 저를 믿어 주세요.

believe in

believe in은 '특정 대상의 가치 또는 존재를 믿다'의 의미로 쓰입니다. 그러다 보니 다음과 같이 존재 여부가 불명확한 대상이나 가치를 부여할 대상에 주로 쓰입니다.

> **I believe in god.** 저는 신의 존재를 믿습니다.
> **I believe in true love.** 저는 진실한 사랑을 믿어요.

| 주의 |

어떤 사람에게 믿음, 신뢰(**trust, faith, confidence**)가 있다는 말은 그 사람의 겉모습이 아닌 내면에 대한 평가이기 때문에 보통 전치사 **in**을 써서 표현합니다.

I have trust / confidence / faith in him. 저는 그를 믿어요.

A Do you **believe** what Tom told us yesterday?

B I don't know what he said, but no matter what he says I always **believe** his words.

A Really? Do you **trust** Tom?

B Yeah, I have **trust** in Tom. He has never told a lie.

A So we can **believe in** his genuine honesty.

B Sure, I guarantee you. Then, what did Tom say yesterday?

A He said you are a liar, so I shouldn't **trust** you anymore.

A 너 어제 톰이 우리한테 한 말 믿어?

B 걔가 뭐라고 했는지는 모르겠지만, 그가 뭐라고 하든 난 걔가 하는 말은 다 믿어.

A 정말? 톰을 신뢰하는 거야?

B 그래. 나 톰 신뢰해. 걔는 한 번도 거짓말해 본 적이 없거든.

A 그렇다면, 우리가 그의 진솔함을 믿어도 되는 거네.

B 당연하지. 내기 보장한다니까. 그래, 어제 톰이 뭐라고 했는데?

A 걔가 너 거짓말쟁이라서 너 더 이상 믿지 말라고 하던데.

---

1 You should **believe in** yourself.
네 자신을 믿어야지.
(네 자신의 가치를 깨닫고 믿어야 한다.)

2 It has taken years to make her **trust** me.
그녀가 날 신뢰하게끔 하는 데 몇 년이 걸렸답니다.

3 You lied to me last time. I won't **believe** your words again.
너 지난번에 나한테 거짓말했잖아. 다시는 네 말 안 믿을 거야.

부드러운 남자(soft man)가 좋은 뜻이 아니라고요?

MP3 015

soft

soft는 보통 표면에 닿는 부분의 **촉감이 폭신폭신한 '부드러운'**을 의미합니다. 그래서 soft leather(부드러운 가죽), soft fur(부드러운 모피), soft fabric(부드러운 천) 같은 재질이 부드러운 단어들과 함께 쓰입니다. 말투가 부드러운 것도 soft로 표현하지요. 참고로, 이 soft는 soft man처럼 사람을 표현할 때도 쓸 수 있어요. 그런데 이게 단어로만 봤을 때는 '부드러운 남자'처럼 긍정적인 의미일 것 같지만, 실제로 외국에서는 '사고가 너무 유연해서 분위기에 잘 휩쓸리거나 줏대 없는 남자'를 뜻하는 부정적인 이미지라 사용에 주의해야 합니다.

smooth

표면이 **울퉁불퉁하지 않고 매끄럽게 '부드러운'**을 뜻합니다. 반대말은 rough로, 표면이 거칠고 울퉁불퉁한 상태에 쓰입니다.

smooth skin 부드럽고 매끈매끈한 피부
smooth road 평평하고 순탄한 길

rough skin 거칠고 울퉁불퉁한 피부
rough road 울퉁불퉁하고 조잡한 길

smooth 뒤에 평평한 대상이 아니라 움직임을 나타내는 명사가 나올 때는 smooth가 '부드러운'의 의미가 아니라 **'진행이 매끄러운'**의 의미로 쓰입니다.

smooth progress 순조로운 진행
smooth movement 매끄러운 움직임

tender

음식의 씹는 질감이 연하고 '부드러운'을 뜻하는 단어입니다. 사람을 표현할 쓰이는 tender는 성품이 너그럽고 다정한 gentle의 의미입니다.

mild

음식 맛이 순하거나 음료가 연하여 '부드러운' 맛을 낼 때 쓰입니다. tender와 마찬가지로 사람이나 날씨에 쓰면 '순하고 온화한'의 의미를 나타내게 되죠.

A How was your dinner with your boyfriend yesterday?

B Everything was very **smooth** yesterday. We sat on a **soft** fabric sofa together and ordered sirloin steaks and milkshakes at the restaurant.

A How was the taste?

B The steak was very **tender** and the milkshake tasted very **smooth**.

A Did your boyfriend like them?

B Sure. In addition, a cup of **mild** coffee after dinner was fantastic.

A 어제 남자 친구랑 저녁 식사는 어땠어?

B 어제는 모든 게 굉장히 유연하게 잘됐어. 식당에서 부드러운 패브릭 소파에 같이 앉아서 등심 스테이크랑 밀크셰이크를 시켰지.

A 맛은 어땠어?

B 스테이크는 육질이 아주 부드러웠고, 밀크셰이크는 아주 부드러운 맛이더라고.

A 남자 친구도 맘에 들어 했어?

B 그럼. 게다가 식사 후의 부드럽고 연한 커피 한 잔이 정말 환상적이었어.

---

1 After seeing a dermatologist, her skin became as **smooth** as silk.

피부과에 다녀온 후, 그녀의 피부는 비단결처럼 부드러워졌어요.

2 The steak was extremely **tender** and juicy just the way I like it.

그 스테이크는 내 취향에 딱 맞게 아주 부드럽고 육즙이 많았습니다.

3 One should always use **soft** words when talking to a child.

아이에게 말할 때는 항상 부드러운 말을 써야 해요.

4 The weather has been very **mild** this year.

올해는 날씨가 매우 온화하네요.

돈을 모으는(save) 것과
우표를 모으는(collect) 건 달라요

MP3 016

gather

일반적인 의미의 '모으다'로 쓰이며 People gathered here.(사람들이 여기 모였다.)처럼 앞의 주어가 사람이고 뒤에 목적어가 없으면 '**~이 모이다**'의 의미입니다.

collect

관심 있는 것을 '모으다, 수집하다'의 의미로 쓰여서 collect stamps(우표를 수집하다)처럼 취미 활동으로 특정 대상을 수집하거나, collect data/ information/ evidence(데이터/정보/증거를 모으다)처럼 정보를 수집할 때 많이 씁니다.

save

나중에 사용하려고 '모아 놓다, 비축하다'의 의미로 쓰이며, 컴퓨터 용어로는 '**저장하다**'의 뜻입니다.

> **I have gathered some stamps.** 우표 몇 장을 모아 놨다. (특별한 의미 없이 모음)
> **I have collected some stamps.** 우표 몇 장을 수집해 놨다. (취미로)
> **I have saved some stamps.** 우표 몇 장을 비축해 놨다. (나중에 대비해서)

assemble

gather보다 좀 더 격식 있는 표현으로 '**사람을 한데 모으다, 집결하다**'의 의미입니다. 사물에 쓰일 경우는 '**조립하다**'의 뜻입니다. 조립하는 것도 여러 부품을 하나로 모아서 만드는 것이니까요.

convene

격식 있는 표현으로 '**특정한 목적을 가지고 모이다, 회의를 소집하다**'의 의미예요. 명사형인 convention은 '대규모 모임이나 회의'를 말하며, 비슷한 표현으로 conference(대규모 회의, 학회, 회담)가 있습니다.

A I heard that some engineers have **gathered** in our community center.

B Who are they?

A They are a group of people **collecting** miniature robots for their hobby.

B What do they do there?

A I guess they brought a lot of different kinds of plastic model robots and will **assemble** them together.

B Great! I would like to join them when they **convene** the next meeting.

A 엔지니어 몇 명이 우리 커뮤니티 센터에 모였다고 하더라고.
B 그 사람들이 누군데?
A 취미로 미니어처 로봇 수집하는 사람들 그룹이야.
B 거기서 뭐 하는데?
A 다양한 종류의 플라스틱 모형 로봇을 가져와서 함께 조립할 것 같아.
B 멋진데! 다음 모임을 열면 나도 참여하고 싶다.

---

1 The committee will **convene** at noon next Friday upon the chairperson's request.
위원장 요청에 따라 다음 주 금요일 정오에 위원회가 소집될 예정입니다.

2 When I was young, I used to **collect** coins from all over the world.
내가 어렸을 때, (지금은 안 하지만) 전 세계의 동전들을 수집했어요.

3 The boxer had to sit down between rounds to **gather** his strength.
그 권투 선수는 힘을 모으기 위해 라운드 사이사이에 앉아 있어야 했습니다.

4 Hey, can you **save** some food for me? I have to work late today.
저기, 내가 먹을 음식 좀 따로 남겨 놔 줄래? 오늘 늦게까지 일해야 해서.

5 As a student, we were trained to **assemble** in a vacant lot in case of fire.
학생 시절 때, 우리는 화재에 대비해 공터에 집결하는 훈련을 받았죠.

16 동등한 제휴와 종속된 제휴, 어느 것을 택하겠어요?

associate

associate의 as-는 to(~에)를 뜻하고, soc는 group(집단, 단체)을 의미합니다. 그렇기 때문에 associate는 '~에 함께 모이다'의 뜻에서 기원하여 다음의 뜻으로 쓰입니다.

1. 동사: ~와 어울리다, ~와 연계되다, 제휴하다
2. 형용사: 1. 제휴한
   2. 준하는 **associate member**: 준회원
      부의 **associate professor**: 부교수
3. 명사: 동료, 제휴 기관

즉, associate는 기본적으로 **사람 또는 기관이 서로 동등한 위치에서 '제휴하다'**를 뜻합니다.

affiliate

affiliate의 af-는 to(~에)를 뜻하며, fil은 son(자식)을 의미합니다. 그렇기 때문에 affiliate는 '~에 자식을 두다'의 뜻에서 기원하여 다음의 뜻으로 쓰입니다.

1. 동사: (주어가 기업, 기관일 경우에) 더 큰 회사, 기관 등과 제휴하다
   (주어가 사람일 경우에) 한 기관·단체와 연결되다, 가입하다
2. 명사: 계열사, 부속 기관

정리해 보면 사전에서 associate와 affiliate는 모두 '제휴하다'이지만, associate는 서로 동등한 위치에서 제휴하는 것을 의미하며, affiliate는 **한쪽이 다른 한쪽에 종속되는 형태의 '제휴하다'**를 의미합니다.

비즈니스에서 계약서를 다룰 때 association contract는 서로 협력하는 형태의 계약이지만 affiliation contract는 로열티를 내거나 하나의 계열사처럼 종속되는 형태의 계약일 수 있으니 주의해야 합니다.

50 CHAPTER 1 같아 보이지만 확실하게 다른 단어들

A Hey, congrats on getting the job position you wanted. Was it ABC you got into?

B Nope. It's an **affiliate** of it. I'm planning on working there as a research **associate** for a 2-year **affiliate** program, and I will be moving on to a different place.

A Really? Where to?

B My goal is to go to the **associate** company in France.

A 어이, 원하던 직장에 취직하게 된 것 축하해. 네가 들어간 데가 ABC였나?

B 아니, 그 회사 계열사야. 그곳에서 2년제 부속 프로그램 제휴 연구원으로 일한 다음 다른 곳으로 옮길 거야.

A 정말? 어디로?

B 내 목표는 프랑스에 있는 제휴회사로 옮기는 거야.

---

1 My company is an **affiliate** of your Europe-based company.
우리 회사는 유럽에 본사를 둔 당신 회사의 계열사입니다.

2 Once my company becomes **associated** with your organization, we can generate a great synergy.
제 회사가 귀 기관과 제휴를 맺으면, 우리는 큰 시너지를 낼 수 있습니다.

| 참고 | subsidiary와 affiliate는 같은 뜻일까요?

일반적으로 **subsidiary**는 한 회사가 대상 기업의 모회사(**parent company**)로 존재하여 경영 지배를 받는 '자회사'를 의미합니다. 반면, **affiliate**는 보통 한 회사가 대상 기업에게 지배 관계의 영향력을 미칠 수 있는 특수 관계에 있는 '계열사'를 의미합니다.

사람이 똑똑한 건 smart,
여우가 똑똑한 건 clever

MP3 **018**

smart

smart는 주로 미국 영어에서 '**똑똑한, 영리한**'으로 쓰이며, 영국 영어에서 smart는 오히려 '말쑥한, 옷차림이 단정한, 고급진'의 뜻입니다.

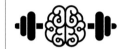

> **a smart child** (美) 똑똑한 어린이 / (英) 옷차림이 단정한 어린이
> **a smart restaurant** (英) 고급 레스토랑 (美 **a fancy restaurant**)

clever

clever는 주로 영국 영어에서 '똑똑한, 영리한'으로 쓰이며, 미국 영어에서는 '**기발한, 독창적인**'을 의미합니다. 성인에게 That person is clever.라고 하면 지나치게 영리해서 '**영악한, 약삭빠른**'의 부정적인 뜻으로 쓰이니 주의해야 합니다.

brainy / bright / intelligent

brainy는 smart, clever의 비격식체로 쓰여 '똑똑한, 머리 좋은'을 의미합니다. **bright**는 주로 아이(child, kid)나 학생(student, pupil) 앞에 쓰여서 '똑똑한'을 의미합니다. **intelligent**는 성인에게 주로 쓰여 학습력과 이해력이 높고 논리적인 사고를 하는 '총명한, 지적인, 지능이 있는'을 의미합니다. 그래서 우리가 잘 알고 있는, 지능 지수 능력 평가인 IQ테스트의 IQ가 Intelligence Quotient입니다.

wise / witty

wise는 지식과 경험을 통해서 일을 원활하게 처리하는 '현명한, 지혜로운'을 의미하며, **witty**는 특정 상황을 순간적으로 재미있고 똑똑하게 표현할 수 있는 '재치 있는'을 뜻합니다.

A Argh... Teaching children is not an easy job.

B What happened? Some **brainy** kid got on your nerves? lol

A There is a **smart** but mean weasel-like student in my class and he tries to insult me in front of my own class.

B Don't be so dramatic. Maybe he is just a **clever** and **witty** student. You are an **intelligent** adult who graduated top of your class! Be **wise** in how you handle that kid.

A That's what I used to think! But now I know that he is only **bright** when he is teasing someone.

A 아... 아이들 가르치는 건 쉬운 일이 아니야.

B 무슨 일 있어? 어느 똑똑한 녀석이 네 신경을 건드렸구나? ㅋㅋ

A 우리 반에 똑똑하지만 심술궂은 족제비 같은 학생이 하나 있는데, 반 애들 앞에서 날 모욕하려고 하네.

B 너무 드라마틱하게 이야기하지 마. 그냥 그 아이가 기발하고 재치 있는 학생이겠지. 넌 수석으로 졸업한 똑똑한 어른이야! 그런 아이를 어떻게 다룰지 현명하게 굴라고.

A 나도 예전엔 그렇게 생각했지! 하지만 지금 나는 걔가 누군가를 놀릴 때만 똑똑하다는 것을 알게 됐거든.

---

1 She is an artisan **clever** with her hands.
그녀는 기발한 손재주가 있는 장인입니다.

2 Aria used to be a **brainy** child before the accident.
아리아는 사고 전에 머리가 좋은 아이였어요.

3 I was grateful for his **wise** advice.
저는 그의 현명한 조언에 감사했습니다.

4 They were **bright** students who always asked good questions in class.
그들은 수업 시간에 항상 좋은 질문을 하는 똑똑한 학생이었어요.

5 Brian is as **smart** as his scientist parents.
브라이언은 그의 과학자 부모만큼 똑똑합니다.

6 He is known as a **witty** writer of the book I like.
그는 내가 좋아하는 책의 재치 있는 작가로 알려져 있습니다.

7 I knew I couldn't have an **intelligent** conversation with her!
전 그녀와 지적인 대화를 할 수 없다는 것을 알고 있었어요!

전에 없던 걸 처음 발견할 때는 find가 아니에요

MP3 **019**

find

find는 '잃어버렸거나 찾고 있던 것을 찾아내다' 또는 '발견하다, 알아내다'를 뜻합니다. 과거, 과거분사형은 found이며, '설립하다, 세우다'의 found와 구별해 사용해야 합니다.

> **I found the company.** 그 회사를 찾았어요. (**find**의 과거형)
> **I founded the company.** 그 회사를 설립했어요. (**found**의 과거형)

look for (= try to find)

look for는 '**특정한 대상을 찾아보다, 찾으려 애쓰다**'를 의미합니다. find가 '특정 대상을 발견하거나 찾아서 손에 넣다'는 결과 중심의 단어라면, look for는 찾으려는 과정을 의미하는 단어입니다. 그래서 '~을 찾는 중이다'라는 과정을 나타낼 때 be looking for는 가능하지만 be finding은 어색한 표현인 거죠.

일자리를 구하고 있어요. (과정)	일자리를 찾았어요. (결과)
I am finding a job. (X) **I am looking for a job. (O)**	**I found a job. (O)** **I looked for a job. (X)** (= I tried to find a job.) 일자리를 찾아봤어요. (찾았는지는 알 수 없음)

seek

seek은 look for보다 더 격식 있는 표현으로 **확실한 목적을 가지고 '진지하게 찾다, 구하다'**를 의미합니다. 영어에서 숨바꼭질은 hide-and-seek이라고 하는데, 숨어 있는 친구들을 열심히 노력해서 찾아야 하는 게임이죠. look for와 유사하게 쓰이지만 좀 더 확실하고 진지하게 찾는 어감을 줍니다.

search

search는 look for보다 좀 더 대상을 '세밀하게 찾다'의 의미로 쓰여서 **'샅샅이 찾다, 수색하다, 검색하다'**를 뜻합니다.

> I am looking for a job. 일자리를 알아보고 있어요.
> I am seeking a job. 일자리를 얻으려 구직 활동 중입니다. (굉장히 진지한 자세임)
> I am searching for a job. 괜찮은 일자리가 있는지 샅샅이 알아보고 있습니다.

discover

discover는 '**모르던 대상 / 존재 / 정보를 찾다, 처음으로 발견하다**'의 의미로 쓰입니다. 그렇기 때문에 보통은 어떠한 대상이든 찾아내다를 의미하는 find와 대체해서 사용이 가능하지만, 몰랐던 것을 최초로 발견한 사실을 강조하고자 할 때 discover를 쓸 수 있습니다.

detect

detect는 '**알아내기 어려운 것을 찾아내다, 감지하다**'를 뜻합니다. 그래서 명사인 detective는 어려운 것을 찾는 사람에서 기원하여 '형사, 탐정'을 의미합니다.

> We <u>found</u> a piece of radium in this room. 우리는 이 방에서 라듐 한 조각을 찾아냈다.
> We <u>detected</u> radium in this room. 우리는 이 방에서 라듐 성분을 감지했다.
> Marie Curie <u>discovered</u> radium in 1898. 마리 퀴리는 1898년에 라듐을 최초로 발견했다.

A Officer, how did you know who to **look for**? Was there specific evidence you **found** that led your investigation?

B Yes. A few of our officers **detected** a distress signal which led to **finding** additional victims when we were **searching** for new evidence.

A Were they trying to **seek** refuge?

B We believe so. And their testimony led us to **discover** the hideout of the suspect.

A 경관님, 누구를 찾아야 할지 어떻게 아셨죠? 수사를 이끌도록 경관님이 찾아낸 특정한 증거가 있습니까?
B 네, 저희가 새로운 증거를 샅샅이 수색하는 도중 우리 경찰관 몇 명이 조난 신호를 감지하여 추가 피해자들을 찾게 되었습니다.
A 그 추가 피해자들이 피난처를 찾으려 했나요?
B 그랬다고 생각합니다. 그리고 그들의 증언으로 용의자의 은신처를 발견하게 되었고요.

1   I think I lost my wallet. Can you help me **find** it?

지갑을 잃어버린 것 같은데 찾는 것 좀 도와주시겠어요?

2   If you hate your job so much, why don't you **look for** another job?

네 직업이 그렇게 싫으면 다른 일을 찾아보는 게 어때?

3   Animals can **detect** earthquakes before they happen.

동물들은 지진이 일어나기 전에 그걸 감지할 수 있다.

4   The police had warrants to **search** the building.

경찰은 그 건물을 수색할 영장을 가지고 있었다.

5   If you need financial advice, you need to **seek** professional help.

재정적인 조언이 필요하다면 전문가의 도움을 구할 필요가 있습니다.

6   She **discovered** her talent in teaching later in life.

그녀는 말년에 교직에서 재능을 발견하였다.

편지, 이메일에서 맺음말

영어로 비즈니스 이메일이나 격식 있는 편지를 쓸 때, 마지막 부분에
끝인사 표현을 적습니다. 가까운 사이에 적는 Love, 같은 표현부터
매우 격식 있는 Sincerely, 까지 다양한 표현들을 지금부터
확인해 보겠습니다. 참고로, 인사말 뒤에 쉼표 넣는 것, 꼭 기억하세요.

가족 또는 절친한 사이의 경우

Love. / With Love. / Love Always. 사랑을 담아
Take care. 잘 지내.

Cheers. 안녕.
As Ever. 지금처럼 잘 지내.

동료, 파트너 등 비즈니스 관계인 경우

Best. 잘 지내시기 바랍니다.
All the best. 모든 게 잘되길 빕니다.
Wishes. 잘 되시기 바랍니다.
Best Wishes. 행복(성공)을 빕니다.
Regards. 안부를 전합니다.
Thanks. 늘 감사합니다.
Warm regards. / Kind regards. 따뜻한 안부를 전합니다.
Best Regards. ~ 드림 (비즈니스에서 가장 많이 쓰이는 표현)

'~ 올림'을 의미하는 격식 있는 끝인사(각 단어 앞뒤에 Yours를 함께 적어도 됨)

Sincerely. (가장 보편적으로 쓰이는 표현)
Truly.   **Cordially.**   **Faithfully.**   **Respectfully.**

19

K-팝 투어(tour)지
K-팝 트래블(travel)이 아니에요

MP3 020

travel

여행 갔다 왔다고 할 때 가장 일반적으로 쓰이는 단어로, 주로 '**기간이 길고 먼 지역으로 떠나는 여행**'을 뜻합니다. 그래서 여행사가 travel agency인 겁니다. 사실 travel이 명사로 쓰일 때는 '여기저기 다니며 둘러보는 여행 행위 자체'를 의미하지만, 보통은 특정 장소를 여행하다를 뜻하는 동사로 더 많이 쓰입니다. 그래서 '미국 여행 갔었다'라고 표현할 경우, 다음이 더 자연스럽죠.

I traveled to the United States. 나 미국 여행 갔었다.
(**I had a travel to the United States.** 어색한 표현)

trip

trip은 '**보통 기간이 짧고 목적지를 정하고 갔다가 다시 돌아오는 여행**'을 뜻합니다. 그래서 field trip(견학), business trip(출장) 등 trip 앞에 목적을 나타내는 단어와 함께 쓰여 다양한 종류의 단기 여행을 의미합니다. 그래서 '짧은 여행을 다녀오다'는 go on a trip이나 take a trip으로 표현합니다. trip이 동사일 때는 여행하다가 아닌 '발을 헛디디다'는 의미로 쓰이는 점에 주의해 주세요.

I went on a trip to the zoo. = I took a trip to the zoo.
난 동물원에 갔다 왔다.

I tripped over a cable and fell down on the floor.
나는 케이블 선에 발을 헛디뎠고 바닥에 넘어졌다.

tour

tour는 '**관광을 목적으로 여러 도시나 국가 등을 방문하는 여행**'을 뜻합니다. tour는 또한 K-Pop world tour concert(K-Pop 세계 순회 공연)처럼 공연 등의 행사로 인해 여러 군데를 돌아다니며 진행하는 '**순회 행사**'를 뜻하기도 합니다.

journey

journey는 보통 길거나, 멀거나, 힘들거나 하는 등의 **여행 중의 과정을 강조하는 의미의 '여행'**입니다. 그래서 journey는 문맥에 따라 **'여정, 여행길'**처럼 해석할 수도 있습니다.

Visiting Iraq during the war was such a dangerous journey.
전쟁 기간에 이라크를 방문하는 것은 위험한 여정이었어요.

Have a safe journey in Africa.
아프리카에서 안전한 여정 보내세요.

A Oh my, I'm getting impatient 'cause it's been so long since my last **travel** out of the country.

B Didn't you go to Guam last month?

A That was for a business **trip**, though. I want to go into the wild and take a **tour** of remote areas of Africa.

B Wow! A **journey** into the unknown sounds interesting but dangerous.

A 세상에. 마지막으로 해외여행 간 지 너무 오래돼서 좀이 쑤시네.
B 지난달에 괌에 가지 않았어?
A 그건 출장 때문이었잖아. 나는 야생에 들어가서 아프리카의 외딴 지역을 여행하고 싶다고.
B 와우, 미지의 세계로 가는 여정이 흥미롭기는 하지만 위험하게 들린다.

---

1 I remember my camping **trip** to the mountains with my parents.
부모님과 함께 산으로 캠핑 여행 갔던 기억이 난다.

2 I want to go on a **tour** of the ruins of European archaeological sites.
나는 유럽 고고학 유적지의 유물을 관광하고 싶다.

3 This **journey** will be dangerous to those who are impatient.
이 여행은 참을성 없는 사람들에게는 위험할 것입니다.

4 Do you think time **travel** will be possible in 10 years?
10년 후에 시간 여행이 가능해질 것 같아요?

20 생물학적 성(sex)과 사회적 성(gender)은 달라요

MP3 021

sex

sex는 성(性)으로 신체 구조가 남성(male)인지 여성(female)인지 분류하는 **'생물학적인 성 (性)'**을 의미합니다. 그래서 sex는 주로 성별의 명확한 분류가 필요한 지원 서류와 출입국 신고서 등 공식적인 문서에서 많이 쓰이며, 병원이나 학문적인 연구에서 성별을 분류할 때 자주 쓰입니다. sex는 또한 **'성행위'**를 의미하기도 하는데, 다음 단어들은 sex에서 파생된 의미의 단어들입니다.

> **sexy**: 성적 매력이 있는, 요염한
> **sexual**: 성적인, 생식의 성과 관계되는
> **sexuality**: 성적 취향, 성생활

> **You need to check your sex on your medical record.**
> 의료 기록에 성별을 체크하셔야 합니다.
>
> **Proper sex education is necessary to teenagers.**
> 10대들에게 적절한 성교육이 필요합니다.

gender

gender는 한 사람이 사회 구성원으로서 남자(man) 혹은 여자(woman)로의 역할에 따라 분류하는 **'사회적인 성'**을 의미합니다. 그렇기 때문에 gender는 생물학적인 성별로 분류하는 sex와 다르게, 한 사람이 지니고 있는 남성상, 여성상 같은 성 정체성(gender identity)을 표현하거나 여자라면 이래야 하고 남자라면 이래야 한다는 사회적 통념에 기반을 둔 성 역할(gender role)을 표현할 때 쓰입니다. 그래서 gender는 주로 설문조사나 사람의 특성을 연구하는 인문 사회 관련 연구 자료에서 많이 볼 수 있습니다.

그렇기 때문에 transgender(트랜스 젠더)는 본래의 성별(sex)과는 다른 성 정체성(gender)을 지닌 사람을 뜻합니다. 즉, 성별은 남자이지만 여성처럼 보이고 여성이 지닌 본래의 특성을 나타내거나, 반대로 성별은 여자이지만 남성처럼 보이며 남성이 지닌 본래의 특성을 나타내는 사람을 말하죠.

> **Nowadays, most people consider gender discrimination a serious crime.**
> 오늘날, 대다수의 사람들은 성 차별을 심각한 범죄로 여깁니다.

man / woman

man은 '성인 남자', woman은 '성인 여자'를 의미합니다. man과 woman은 **사람을 표현할 때 만 쓰이며**, man의 복수는 men이고 woman의 복수는 women으로 적습니다. 특히나 man [mæn]과 men[men], 그리고 woman[wúmən]과 women[wímin]은 발음이 완전히 다르기 때문에 각 단어의 정확한 발음에 유의해야 합니다. 성인이 아닌 어린아이의 경우 남자아이는 boy, 여자아이는 girl로 표현합니다.

A man and a woman are going to a park with a boy and a girl.
성인 남녀가 남자아이랑 여자아이와 함께 공원에 가고 있어요.

male / female

성별을 분류할 때 **male**은 '남자, 남성'을 의미하며, **female**은 '여자, 여성'을 의미합니다. 또 male과 female은 형용사로 명사 앞에 놓여 **각각 '남성의, 여성의'라는 뜻**으로 쓰입니다. man 과 woman이 '성인 남녀'를 의미하는데 반해, male과 female은 **아동(boy, girl)과 성인(man, woman)을 모두 일컫는 단어**입니다. 또, man과 woman은 사람만을 지칭하는 단어이지만, male과 female은 **사람뿐 아니라 동물의 '수컷, 수컷의'와 '암컷, 암컷의'를 의미**하기도 합니다.

The two victims are a Japanese male and a Chinese female.
두 희생자는 일본인 남성과 중국인 여성입니다.

A male nurse and a female doctor are carrying a male dog and a female cat.
남자 간호사와 여자 의사가 수캐와 암고양이를 나르고 있다.

| 참고 |

공공시설이나 편의 시설에서 또는 성별을 구분하는 운동경기, 상품 등을 표현할 때는 **men's** _____,
women's _____로 쓰이며, **male's** _____, **female's** _____로 표기하지 않으니 주의해야 합니다.

men's restroom 남자 화장실	**women's dressing room** 여자 탈의실
men's suits 남성용 정장	**women's shoes** 여성용 신발
men's soccer 남자 축구	**women's tennis** 여자 테니스

A Congrats on your pregnancy!! I heard the **sex** of the child becomes determinable during the sixth month of pregnancy. Do you know if it's a boy or a girl?

B Thanks. We are keeping it a secret until our **gender** reveal party! If my baby is a **male**, we hope he can grow up to be a considerate **man**. If my baby is a **female**, we hope she can grow up to be a kind and smart **woman**.

A Sounds like fun.

A 임신 축하해!! 임신 6개월째에 아이 성별이 결정된다고 들었어. 아들인지 딸인지 알아?

B 고마워. 성별 확인 파티에서 밝힐 때까지 비밀로 할 거야! 만약 남자아이면 그가 사려 깊은 남자로 자랄 수 있기를 바라고, 여자아이면 친절하고 똑똑한 여자가 될 수 있기를 바라.

A 재미있겠다.

---

1 **Gender** discrimination is frowned upon but has not disappeared yet.
성차별은 눈살을 찌푸리게 하지만, 아직 사라지지 않았습니다.

2 Historically speaking, it was **sex** scandals that led to the downfall of many great men.
역사적으로 볼 때, 많은 위인들의 몰락을 이끈 것은 성추문들이었어요.

3 How can you tell if a crab is a **male** or a **female**?
게가 수컷인지 암컷인지 어떻게 구별할 수 있나요?

4 She was an exciting **woman** to do work with.
그녀는 같이 일하기 즐거운 여자였어요.

5 The old **man** was rushed to the hospital.
노인 남성분은 급히 병원으로 옮겨졌습니다.

남 탓도 원인과 결과는 따져 가면서 해야죠

MP3 **022**

because of

because of는 일상회화에서 많이 쓰이는 표현으로, 원인과 이유에 더 중점을 두어 '~ 때문에'를 강조합니다. 비슷한 표현인 on account of로도 바꾸어 사용할 수 있습니다.

> **I came here because of you.** (다른 게 아니고 바로) 너 때문에 여기 온 거야!
> **The accident happened because of the heavy rain.** 비가 많이 내렸기 때문에 사고가 났어요.
> (사고보다는 그 원인이 된 폭우에 더 중점을 둠)

due to

due to는 because of보다 좀 더 격식 있는 표현으로 **원인, 이유보다 이에 따른 결과에 더 중점을 두어 '~ 때문에 ~하게 되다'를 강조**합니다. 비슷한 표현인 owing to로 바꾸어 사용할 수 있고, 보통 일반동사보다는 be동사 뒤에 쓰여 결과를 부각시킵니다. 그렇기 때문에 due to you 처럼 직접적인 원인의 대상이 나오면 표현이 어색하기 때문에 이럴 때는 because of로 바꾸어서 표현해야 합니다.

> **The success is due to you.** (**X**)
> **The success is because of you.** (**O**) '너 때문에' 성공한 거야.
> **The success is due to your continuous efforts.**
> 너의 끊임없는 노력 때문에 '성공하게 된 거야'.

A   Oh no, I can't believe I got bumped off my flight to Paris **because of** overbooking!

B   That sucks. Aren't you entitled to compensation?

A   Yes, I am.

B   I think you are lucky. It was on the news that the flight to Paris was cancelled **due to** a technical problem in the plane.

A   이런, 항공사 예약 초과 때문에 파리행 비행기를 못 타다니 믿을 수가 없어!
B   어떻게 그럴 수가 있냐! 너 보상받을 자격 되지 않아?
A   응, 되기는 해.
B   그래도 네가 운이 좋은 것 같은데. 비행기의 기술적 문제로 인해 파리행 항공편이 결항됐다고 뉴스에 나왔거든.

MP3 **023**

lady / gentleman

lady는 woman의 정중한 표현으로 '**숙녀**'를 뜻하며 복수형은 ladies입니다. **gentleman**은 man의 정중한 표현으로 '**신사**'를 뜻하며 복수형은 gentlemen으로 표기합니다. 그래서 '신사, 숙녀 여러분'이 영어로는 Ladies and gentlemen인 거죠.

sir / ma'am / madam

sir는 이름을 모르는 상대방 남성을 격식 있는 어조로 높여 부르는 말로 '**님, 선생님**'을 뜻합니다. **ma'am**과 **madam**은 이름을 모르는 상대방 여성을 격식 있는 어조로 높여 부르는 말로 '**님, 여사님, 부인**'을 뜻합니다. ma'am은 madam의 줄임말로, 주로 미국에서 많이 쓰는 표현입니다.

> **Excuse me. sir and ma'am (madam). Your table is ready.**
> 선생님, 여사님, 테이블이 준비되었습니다.

Mr. / Mrs. / Miss / Ms.

Mr.는 Mister의 줄임말로, 보통은 남자 성(last name) 앞에 붙여 존칭을 표하는 '**~ 님, ~ 씨, ~ 선생님**'을 뜻합니다. **Mrs.**는 Mistress의 줄임말로 결혼한 여성의 성(last name) 앞에 붙여 존칭을 표하는 '**~ 님, ~ 씨, ~ 선생님, ~ 여사님**'을 뜻합니다. **Miss**는 결혼하지 않은 여성의 성(last name) 앞에 붙여 존칭을 표하는 '**~ 님, ~ 씨, ~ 선생님**'을 뜻합니다. Miss는 줄임말이 아니기에 마지막에 점(.)을 찍지 않습니다. **Ms.**는 **결혼 여부에 상관없이 여성의 성(last name) 앞에 붙여 존칭**을 표합니다.

현대 영어에서는 결혼 여부에 따라 Miss와 Mrs.로 구분하는 걸 구시대적인 생각으로 보아 일반적으로는 Ms.로 부르는 것을 선호합니다.

> **Today. we invited Mr. and Mrs. Kim and Miss Choi as our guest speakers.**
> 오늘 김 선생님과 김 여사님, 그리고 최 선생님을 초대 연설자로 초청하였습니다.

| 주의 |

Excuse me. Mr./ Mrs./ Miss!처럼 뒤에 성을 부르지 않고 상대방을 호명하면, 우리말로는 아저씨(Mr.)!, 아줌마(Mrs.)!, 아가씨(Miss)! 같은 느낌으로 부르는 투가 되어 일부 사람들은 불쾌하게 생각할 수도 있으니 주의해야 합니다.

Hey. Mister[Mrs.]. can you kick our ball to us? 아저씨[아줌마]! 공 좀 우리한테 차 줄래요?
How about a cup of coffee. Miss? 아가씨! 커피 한잔 어때요?

A **Ladies** and **gentlemen**, may I have a moment of your attention please? I am **Mr.** Choi, the owner, and this is our head of security **Miss** Jones and employee **Ms.** Park. It seems like some diamonds are missing from our shelves, so we need to check your bags and purses. Please give us your cooperation.

B I am your neighbor, do you really have to look in my purse?

A I am sorry **Mrs.** Thomas, I have to.

C Would you please open your bags for me, **sir**? You too please, **ma'am**.

A Is this your ring, **madam**?

A 신사 숙녀 여러분, 잠시 주목해 주시겠습니까? 저는 사장인 미스터 최, 그리고 이쪽은 저희 경비실장인 존스 씨와 직원 박 씨입니다. 저희 선반에 있던 다이아몬드가 몇 개 없어진 것 같아서 여러분의 가방과 지갑을 확인해 보아야 하니 협조 부탁드립니다.

B 전 당신 이웃인데, 정말 제 지갑을 꼭 들여다보셔야 하나요?

A 죄송합니다, 토마스 여사님. 그래야만 합니다.

C 가방 좀 열어 주시겠어요, 선생님? 부인도 부탁드립니다.

A 부인, 이거 부인 반지입니까?

---

1 **Madam**, are you okay? You seem to be dizzy.
부인, 괜찮으세요? 어지러우신 것 같네요.

2 Excuse me, **sir**? What did you say? You seem to have forgotten how to be a **gentleman**.
네, 선생님? 뭐라고 하셨죠? 신사가 되는 법을 잊으신 것 같군요. (지금 신사답게 행동하지 않고 계십니다.)

3 Do you have anything to add, **Mr.** President?
대통령님, 덧붙일 말씀 있으신가요?

4 **Ms.** Oh who lives across from my house is a real **lady**.
우리 집 건너편에 사는 오 씨는 진정한 숙녀입니다.

5 This store will close in 15 minutes, **ma'am**.
이 가게는 15분 후에 문을 닫습니다. 부인.

6 **Mrs.** Seo, I think your daughter **Miss** Kim is waiting for you outside.
서 여사님, 따님 되시는 김 씨가 밖에서 여사님을 기다리고 있는 것 같습니다.

23

'매우'에도 강약이 있어요

MP3 **024**

pretty / fairly

약한 의미의 '매우'로 쓰여 '**제법, 꽤, 어느 정도는**'의 뉘앙스가 있는 단어입니다.

really / so / quite / rather

really, so, quite, rather는 pretty보다 강한 어조로 '**아주**', '**정말로**', '**상당히**'의 의미로 쓰입니다. 하지만 미국에서는 rather가 이런 의미로 쓰이지 않으며, really와 so를 주로 사용합니다. 반면에, 영국에서는 really, so뿐만 아니라 quite와 rather도 자주 사용하는 편입니다.

very / much / greatly

very와 **much**는 뒤에 따라 나오는 형용사를 좀 더 강한 의미로 강조하는 '**매우**', '**대단히**'의 뜻입니다. very는 형용사가 아닌 동사는 수식할 수 없으며, 이 경우에는 Thank you very much. (대단히 감사합니다.)처럼 very much를 사용합니다. 참고로, very가 first, next, last 앞에 쓰일 때는 '맨', '바로'의 의미로 쓰이니 주의해야 합니다.

> **On our very first day of school. I decided to change my major.**
> 학교 시작 맨 첫날, 나는 전공을 바꾸기로 결심했다.

greatly는 '대단히'라는 격식 있는 표현으로, 예를 들어, I am very admired.(저 아주 감동 받았어요.)를 I am greatly admired.로 표현하면 좀 더 정중하고 진지한 어조의 '전 대단히 감동 받았습니다.'가 됩니다.

extremely / tremendously

extremely와 tremendously는 very보다 더 강한 의미로 쓰여 '**엄청나게, 극도로 어마어마하게**'의 뜻으로, 거의 불가능할 정도로 대단한 것을 표현할 때 쓰입니다.

A It's been a **really** long time since your last check-up. How have you been?

B I have been **pretty much** normal. The time **fairly** raced by after my surgery.

A I see your mother **quite** often. But I'd **rather** see you more since you are the one who got the surgery.

B I know, I am **so** sorry. I just have been **extremely** busy since I started going to school again. I understand your concern **very** much.

A There are no **tremendously** time-consuming checkups left, so I will see you soon enough. Your mother is **greatly** worried about you.

B No problem.

A 지난번 검진 이후로 정말 오랫만이네요. 어떻게 지내셨어요?
B 그냥 꽤 평범하게 지냈어요. 수술 후 시간이 제법 빨리 지나갔네요.
A 그쪽 어머니는 제가 아주 자주 만나는데, 수술을 받은 사람은 그쪽이니 그쪽을 더 만나고 싶더라고요.
B 그렇죠. 정말 죄송해요. 학교에 다시 다니기 시작한 이후로 그냥 엄청 바빴어요. 선생님이 아주 많이 걱정하고 계시는 것 잘 알고 있습니다.
A 시간이 엄청 많이 걸리는 검진은 남아 있지 않으니, 곧 다시 뵙죠. 어머니가 그쪽을 매우 걱정하고 있습니다.
B 알겠습니다.

---

1 Since I was a **fairly** young boy, I have been **quite** fond of toy cars. My father was a **pretty** good truck driver and I was **very** proud of him. I was **greatly** influenced by him and became a professional car racer. And I love doing it **tremendously**.

저는 꽤 어렸을 때부터 장난감 자동차를 무척 좋아했어요. 아버지는 꽤나 멋진 트럭 운전사였고 저는 아버지가 매우 자랑스러웠습니다. 아버지에게 큰 영향을 받아 전문 카레이서가 되었죠. 저는 이 일을 너무나도 사랑합니다.

2 I was **extremely** tired after my finals.

기말고사 끝나고 전 너무 피곤했어요.

3 The definition of the word was **rather** complicated.

그 단어의 정의가 대단히 복잡했다.

4 Her hair is too fine. Mine is **much** thicker.

그녀의 머리는 너무 가늘어요. 제 것이 훨씬 더 두껍습니다.

5 Jenna is always **so** chic and funny.

제나는 항상 너무 시크하고 재미있어요.

replace

replace는 '(원래의 물건 또는 사람의 역할을) 완전히 대신하다, 대체하다'의 뜻이며, 보통 뒤에 전치사 with와 함께 쓰여 replace old lights with LED(오래된 전등을 LED로 대체하다) 형태로 표현합니다.

substitute

substitute는 '(기존의 것 또는 사람의 역할을) 한시적으로 대체하다, 대용하다'의 뜻입니다. 보통 뒤에 전치사 for와 함께 쓰여 substitute margarine for butter(버터 대신에 마가린으로 대체하다) 형태로 표현합니다. substitute는 또 명사로 '(운동 경기의) 교체 선수'의 의미로도 쓰이고, sugar substitute(설탕 대체 식품)처럼 '대용물', substitute teacher(대체 교사)처럼 '대체자'의 의미로도 쓰입니다.

supersede / supplant

supersede는 '낡고 오래된 것을 최신식의 것으로 대체하다'로 쓰입니다. 같은 의미인 supplant는 좀 더 격식 있는 어조로 쓰이는 표현입니다.

alternate

alternate는 '일을 번갈아 하다, 교대로 하다'를 뜻합니다. alternate는 형용사로 '번갈아 나오는, 하나 거르는'의 의미로 쓰여, alternate days (= every other day)는 '하루 걸러, 격일로 하는'을 의미합니다. alternate의 파생어인 alternative는 alternative medicine(대체 의학)처럼 '대안이 되는, 대체 가능한'을 뜻합니다.

A Do you think it is possible to **replace** our full-timers with part-timers?

B We may be able to **substitute** part-timers for some of our full-timers on a temporary basis, but it will eventually cause many problems.

A Okay, then, would it be possible for us to **supersede** our old manufacturing systems? We can save our budget if we can change them.

B We can possibly **supplant** only a few old systems within our limited budget. We could **alternate** full-timers and part-timers until we **replace** the current systems with the fully automated ones.

A 우리 정규직원들을 파트타이머로 대체하는 게 가능할까요?

B 일시적으로 일부 정규직원들을 파트타이머로 교체하는 것은 가능할 수도 있겠지만, 결국에는 많은 문제가 일어날 겁니다.

A 알겠습니다. 그렇다면 우리가 기존의 구식 생산 시스템을 새로이 대체하는 것은 가능할까요? 우리가 그것들을 바꾼다면 예산을 절약할 수 있어요.

B 한정된 예산 내에서는 몇 개의 구식 시스템들만이 대체가 가능할 겁니다. 현 시스템을 완전 자동화 시스템으로 교체할 때까지 우리는 정규직원과 파트타이머를 교대로 번갈아서 일을 시킬 수도 있고요.

---

1 **Replace** the batteries, and the remote control will work.
배터리들을 갈아끼우면, 리모컨이 작동할 거야.

2 Jane is absent today, so Tim will **substitute** for her role.
제인이 오늘 결근해서 팀이 그녀의 역할을 대체할 거예요.

3 This new item can completely **supersede/ supplant** the old one.
이 신제품이 구제품을 완벽하게 대체할 수 있어요.

4 This device **alternates** music and radio news.
이 장치는 음악과 라디오 뉴스가 교대로 번갈아 나오게 합니다.

대리라고 다 같은 대리가 아니다!

우리말에 '대리'가 들어가는 대리인, 대리 만족, 대리운전, 대리모 등의 이 단어들 앞에다 바로
앞서 배운 것처럼 다 substitute를 써서 각각 substitute person, substitute satisfaction,
substitute driving, substitute mother 이렇게 쓰면 될까요? 우리말로 '대리'가 들어가는 위의
단어들은 각각 다른 단어를 써서 표현해야 합니다. 지금부터 하나씩 배워 보시죠.

대리인: representative

representative는 '대리자, 대리인'의 뜻으로 쓰여서
sales representative(판매 대리인)처럼 판매를 대행하거나
선발이 되어 의무를 대신하는 대리인을 뜻합니다.
representative는 또 a representative of the UN(UN 대표)
처럼 특정 집단의 '대표자, 대변자'를 표현할 수도 있습니다.

대리 만족: vicarious satisfaction/ pleasure/ thrill

vicarious는 (직접 행동하기 보다는) 다른 사람의 행동을 보거나 듣거나 읽고
간접적으로 느끼거나 경험하는 '대리의'를 뜻하는 단어입니다. 그렇기 때문에
대리 만족은 vicarious 뒤에 satisfaction(만족), pleasure(기쁨), thrill(황홀감) 같은
단어를 추가하여 표현합니다.

대리운전: chauffeur service

개인의 자동차를 대신 운전시키고 이용료를 지불하는
대리운전은 우리나라와 치안이 좋은 일부 극소수의
국가에만 존재하는 서비스라서 대리운전 시스템이 없는
대부분의 영어권 국가에서는 이러한 용어 자체가
익숙하지 않을 수도 있습니다.

보통 우리가 알고 있는, 대리운전 기사가 목적지까지 운전을 대신해 주는 대리운전은
chauffeur(전문 운전기사)라는 단어를 활용하여 chauffeur service라고 합니다.
이러한 표현에 익숙하지 않은 원어민들은 driver-for-hire service 또는
drivers on call 등으로 말하기도 하니 참고하세요.

대리운전을 designated driver로 표현하기도 하는데, 정확히 말해서 이건 우리가 알고 있는 대리운전기사가 아닌 주로 친구 사이에서 술을 마실 때 특정한 한 명을 지정해서 술을 일체 마시지 않고 모임이 끝나면 운전을 해서 나머지 술 마신 친구들을 집에 태워다 주는 '지명운전자'를 뜻하는 단어입니다.

대리모: surrogate mother

surrogate는 '(특정 대상의 역할을 하는 것이 불가능한 이유로 다른 사람 또는 물건이 그 역할을 대신 수행하는 의미의) 대리의, 대용의'를 뜻하는 단어입니다.
그렇기 때문에 정상적인 방법으로 출산이 어려운 부부의 의뢰를 받아 아기를 대신 낳아 주는 대리모는 surrogate mother로 표현합니다.

CHAPTER 2

의미별 대표 단어와
연관 단어들의
디테일한 차이

SECTION 1
동사

시작하다
start / begin
vs. launch

MP3 026

헷갈리면 **start / begin**

---

start / begin

의미상 큰 차이 없이 '시작하다'의 뜻으로 쓰이는 가장 일반적인 단어입니다. 굳이 구분하자면, **start**가 **begin**보다 좀 더 구어적이고 상업적인 맥락에서 많이 쓰이고, **begin**은 문어체에서 좀 더 많이 쓰입니다. 참고로, **start**의 반댓말은 **stop**이고 **begin**의 반대말은 **end**입니다.

---

commence 격식
(공식적으로 일을) 시작하다, 개시하다

initiate 격식
(잘 진행되도록 준비해서) 시작하다, 착수하다

launch
(계획이라든지 제품처럼 새로운 어떤 것의 소개나 출시를)
시작하다, 착수하다, 발매하다, 출시하다

kick off 비격식
(일, 활동이) 시작하다, 시작되다

A   Our company event is scheduled to **commence** at noon. What is the plan?

B   We are to **initiate** event phase 1 when our CEO **kicks off** with a few comments.

A   I got it. I can't believe we are about to **launch** our newest product.

B   I know, it seems like I **started / began** working here yesterday.

A   우리 회사 행사는 정오에 개시할 예정이더군요. 계획이 뭐죠?
B   대표님이 몇 마디 논평하면서 시작하면 준비된 이벤트 1단계를 시작할 겁니다.
A   알겠어요. 우리가 최신 제품을 곧 출시할 거라는 게 믿기지가 않네요.
B   그러게요. 여기서 일하기 시작한 게 어제 같은데 말이죠.

2

멈추다, 정지하다
stop vs. quit

MP3 **027**

헷갈리면 **stop**

---

stop

'하던 것을 멈추다'를 표현하는 가장 일반적인 단어로, 하던 행동을 '일시적으로 또는 완전히 멈추다'의 의미로 쓰입니다.

---

pause
(하던 행동을) 일시적으로 멈추다

quit
(하던 행동을) 완전히 멈추다

halt
멈추게 하다 →
(가던 걸) 정지시키다.
(진행 중인 걸) 중단시키다

cease 격식
(공식적으로) 멈추게 하다.
(공식적으로) 중단시키다

give up
(하던 행동을) 완전히 멈추다 (= quit)
(어떤 행동을 하려고 노력하는 것을) 멈추다. 포기하다

A Everyone, we have a situation. Could you **pause** what you are doing and give us your attention? Sir, would you please **stop** drinking for a moment? A customer dropped her inhaler and she needs it to breathe. We are going to **cease** our services until we find it. Please look under your seat.

B It's none of my business. I don't want to **give up** drinking.

A Sir, if our customers develop any serious health issues, we may have to **quit** doing our business.

B Okay, it sounds like any actions should be **halted** until she finds the inhaler.

A Yes, sir. Thank you for your cooperation.

A 여러분, 어떤 상황이 생겼는데 하던 일 잠시 멈추고 주목해 주시겠어요? 손님, 술 드시는 거 잠시만 멈춰 주시겠어요? 손님 한 분이 숨 쉬는 데 필요한 흡입기를 떨어뜨렸다고 합니다. 그걸 찾을 때까지 서비스를 중단하겠습니다. 좌석 아래를 한번 확인해 주시기 바랍니다.

B 그게 나랑 무슨 상관이라고. 술 마시는 거 멈추고 싶지 않다고요.

A 손님, 손님들의 건강에 심각한 문제가 생기면, 저희가 영업을 완전히 그만두어야 할 수도 있습니다.

B 알겠어요. 그 손님이 흡입기 찾을 때까지 어떤 행동도 다 중단돼야겠군요.

A 네, 손님. 협조해 주셔서 감사합니다.

바꾸다
change vs. exchange

MP3 028

헷갈리면 change

---

change
'바꾸다', '변화하다'를 표현하는 가장 일반적인 단어입니다.

---

switch
(갑자기 혹은 완전하게)
상태나 위치를 바꾸다
→ 전환시키다

shift
위치나 자세, 입장을 바꾸다

exchange
어떤 걸 주고 다른 걸 받다
→ 교환하다, 교환

---

swap
(교환 시 서로 주고받는 것에 중점을 두어)
맞바꾸다

transform
(형태, 모습을) 바꾸다
→ 변형시키다, 탈바꿈하다

transfer
(대상의 장소나 위치를 옮기는 것을 강조하여)
이전하다, 이체하다, 이적하다

A **Changing** our PR campaign results in having a lot more students at school this year. Also, **switching** to digital textbooks has been paying off.

B Surely it is. The new **exchange** program is attracting more students to **transfer** to our school. It was also a wise decision to **swap** some of our properties for new school buses.

A It seems like our school is becoming a remarkable school.
Now our goal has **shifted** to become the best school in this town.

A 학교 PR 전략을 바꾼 게 금년에 결국 더 많은 학생들을 유치하게 되었군요. 디지털 교과서로 전환한 것도 성과를 거두고 있고요.

B 확실히 그렇습니다. 새 교환 학생 프로그램이 더 많은 학생들이 우리 학교로 전학 오도록 끌어들이고 있습니다. 학교의 일부 사유지들을 새 학교 버스와 맞바꾼 것도 아주 현명한 결정이었어요.

A 우리 학교가 뛰어난 학교로 되어 가고 있는 것 같네요. 이제 우리 목표는 이 동네에서 최고의 학교가 되는 것으로 바뀌었어요.

끝나다, 끝내다
end vs. finish

MP3 029

헷갈리면 end

---

end
'끝나다, 끝내다'를 뜻하는 가장 일반적인 단어입니다.

---

finish
(진행 중인 것을) 마무리하다
→ 끝마치다, 완료하다, 끝내다

complete
(많은 공이 들어야 하는 일을 완전히) 끝내다
→ 완료하다, 완수하다

accomplish
(하던 일을 성공적으로) 끝내다
→ 해내다, 완수하다

---

close
(사업, 관계, 회의, 토론 등을) 끝내다
→ 마무리하다, 마감하다, 폐업하다

terminate 격식
(계약, 관계 등을) 끝내다
→ 종결시키다, 완전히 없애다

conclude 격식
(연설, 회의나 글쓰기 작업 등을) 끝내다, 종결하다

A   How far are we from **completing** this project? We only have 2 months to **accomplish** it. If we cannot **finish** in time, we may need to **close** our business.

B   Our trials **concluded** yesterday, so our researchers can analyze the results by next week.

A   That's good. We need to keep this deadline. Otherwise, our client may **terminate** our relationship.

A   이 프로젝트를 완료하려면 얼마나 남았나요? 그 프로젝트를 완수할 수 있는 시간이 2개월밖에 없어요. 제때에 끝내지 못하면 사업을 접어야 할지도 모릅니다.

B   시험 평가가 어제 끝났기 때문에 우리 연구진들이 다음 주까지 결과를 분석할 수 있습니다.

A   잘됐네요. 마감 시간을 잘 지켜야 합니다. 안 그러면 고객이 우리와의 계약 관계를 끝낼 수도 있어요.

얻다
get vs. obtain

헷갈리면 get

get
구어체 느낌의 비격식 표현으로 쓰여 '손에 넣다, 얻다, 받다'를 의미하는 가장 일반적인 단어입니다.

obtain 격식
(노력을 통해서) 얻다, 획득하다

achieve
(성과, 이익, 소원한 바 등을) 얻다, 달성하다, 이루다

gain
(이득이 되는 것을 서서히)
얻다, 획득하다

acquire
1 (사거나 받아서) 얻다, 획득하다, 취득하다
2 (지속적인 노력을 통해서) 얻다, 습득하다

A How did you **get** the information about the investment? We **gained** a lot of profit with your tip.

B I **obtained** the tip by maintaining good work relationships. Success can be **achieved** through hard effort.

A Amazing! Once some company **acquires** the store we invested in, we are going to hit the jackpot.

B Yeah, I hope so.

A 투자 관련 정보는 어떻게 얻었어? 네가 준 팁으로 우리가 수익을 많이 얻게 됐거든.
B 직장에서 좋은 관계를 유지하면서 팁을 얻어낸 거지. 성공은 노력을 통해서 이룰 수 있는 거잖아.
A 최고네! 어떤 회사가 우리가 투자한 상점을 취득하기만 하면, 우리는 대박 나는 거야.
B 그래. 그러길 나도 바라지.

6

돕다, 도와주다
help vs. assist

MP3 031

헷갈리면 help

---

help
'남에게 도움이 되는 일을 해주다, 돕다, 도와주다'를 뜻하는 가장 일반적인 단어입니다.

---

assist
(옆에서 부족하거나 모자란 부분을)
돕다, 보조하다

aid
(상대방에게 필요한 것 또는 원조를 제공해서)
돕다, 원조하다

---

support
(정서적으로나 실질적으로 상대방에게
보탬이 되는 요소를 제공해서)
돕다, 지원하다

donate
(금전을 제공해서)
돕다, 후원하다, 기부하다

A There are several ways in which you can **help** the organization for single-parent families.

B What are they?

A You can **aid** by either **assisting** our volunteer group or regularly **donating** items.

B I would like to **support** in both ways.

A 한 부모 가정 기구를 도울 수 있는 몇 가지 방법이 있습니다.

B 그게 뭔가요?

A 저희 자원 봉사단을 옆에서 돕거나 물품을 정기적으로 기부하시는 걸로 도움을 줄 수 있습니다.

B 두 가지 방법으로 모두 지원하고 싶네요.

---

single-parent family: 한 부모 가정　　**volunteer group**: 봉사단

81

이용하다, 써 버리다
use vs. spend

MP3 032

헷갈리면 use

---

use
'이용하다, 써 버리다'를 뜻하는 가장 일반적인 단어입니다.

---

spend
1 (돈 또는 시간을) 쓰다
2 (에너지, 노력, 힘 등을 고갈할 때까지) 다 쓰다

utilize 격식
(효과적인 방식으로) 이용하다, 활용하다

implement
(계획이나 시스템 등을) 활용하기 시작하다
implement the new IT infrastructure
새로운 IT 기반 시설을 활용하기 시작하다

exhaust
(모두 다 남김없이) 써 버리다
exhaust natural resources
천연자원을 고갈시키다

A How do you **spend** your time these days?

B I usually enjoy the programs in the cultural center! It's always nice to **use** a nearby facility.

A Oh, really? Are there any other places for me to **utilize** during my free time?

B They recently **implemented** a bunch of new activities at the cultural center so I recommend checking it out.

A Oh, I have **exhausted** all my extra income this month. So I will try the program next month.

A 요새 시간 어떻게 보내고 있어?
B 대개는 문화센터 프로그램들을 즐겁게 해 보고 있지! 근방에 있는 시설을 이용하는 건 언제나 참 좋더라.
A 아, 그래? 내가 자유 시간에 제대로 활용할 만한 다른 곳들도 혹시 있어?
B 문화센터가 최근에 새로운 활동 프로그램들을 많이 활용하기 시작했더라고, 한번 가 봐!
A 아, 이번 달 추가 수입을 다 써 버렸네. 다음 달에 프로그램에 참여해야겠다.

---

facility: 시설   **extra**: 추가의, 가외의

8

속이다
deceive vs. cheat

헷갈리면 deceive

---

deceive
의도적으로 상대방을 꾀어 거짓을 진실로 믿게 하는 '속이다'의 일반적인 표현입니다.

---

fool
(얕은꾀로) 속이다

---

cheat
(시험에서 커닝을 하는 것처럼 부정한 방법으로)
속이다

trick
(장난삼아 골탕 먹이려 하거나
교묘한 술수를 써서)
속이다, 속임수

A Did you hear about Jack's attempt to **cheat** on the final exam?

B I did. I heard he wrote answers on his tumbler. He even tried to **fool** his teacher by pretending like nothing happened.

A What a sneaky **trick**! I can't believe he thought he could **deceive** the teacher with that.

B I know.

A 잭이 기말시험에서 부정 행위 시도한 것 들었어?

B 응. 텀블러에 답을 적어 갔다고 들었어. 심지어 아무 일도 없었던 것처럼 선생님을 얕은꾀를 써서 속이려고 했었다네.

A 어쩜 그렇게 교활한 속임수를 썼다니! 그런 걸로 선생님을 속일 수 있다고 생각했다는 게 믿을 수가 없어.

B 그러게 말이야.

---

attempt: 시도   **sneaky**: 교활한

| 주의 |

'커닝하는 것'은 cunning이 아니라 cheating이에요.
'커닝 페이퍼'처럼 시험에서 부정 행위를 할 때 쓰이는 **cunning**은 원래 영어에서 '속이는'이 아닌 '교활한'을 뜻하는 단어이니 사용에 주의해야 합니다.

커닝 페이퍼: **cunning paper** (X) → **cheat sheet** (O)
커닝 행위: **cunning behavior** (X) → **cheating behavior** (O)

고치다
repair vs. fix

MP3 **034**

헷갈리면 **repair**

repair
고장 난 것을 '고치다'를 뜻하는 일반적이고 격식 있는 표현입니다.

fix
(뒤틀린 것을 바로잡거나 원위치가 되도록) 고치다

mend
1 (옷 등에서 찢어지거나 구멍이 난 곳을) 고치다
2 (불화, 의견 차이, 문제점을) 고치다

correct
올바르게 고치다, 정정하다.
실수를 바로 잡다

modify
(살짝 수정하거나 보완하여 더 좋은 쪽으로) 고치다, 변경하다

patch
덧대어서 고치다

| 주의 | 영국에서 **mend**는 **repair**와 같은 의미로 쓰입니다.

A   I think you need to **repair** the whole bathroom, but all I can do now is temporarily **patch** up the leaks, **correct** the drain, and **fix** the electric water heater.

B   Maybe we can use this occasion to **modify** the whole bathroom?

A   I think you need to talk to your landlord first.

B   Hmm... That's going to take time because we are trying to **mend** our differences on other issues.

A   화장실 전체를 수리하셔야 하지만, 제가 지금 할 수 있는 건 일시적으로 새는 곳을 덧대어 고치고, (잘못된) 배수 기관을 바로 잡고, 전기 온수기를 고치는 것 정도밖에 없습니다.

B   이 기회에 욕실 전체를 좀 보완해서 더 좋게 변경할 수 있지 않을까요?

A   집주인이랑 먼저 이야기를 나눠 보셔야 할 것 같아요.

B   흠… 다른 문제 관련해 의견 차이를 조율하는 중이라서 그건 좀 시간이 걸리겠네요.

회복하다
recover vs. restore

헷갈리면 recover

recover
나빠진 것을 본래의 상태로 '돌아오게 하다, 회복하다'를 뜻하는 가장 일반적인 단어입니다.
recover from an accident 사고로부터 회복하다

cure
(병, 상처 등에서)
회복하다, 치유하다, 치유법

restore
(파괴되거나 손상된 것을 본래의 상태로)
되돌리다, 복구하다
restore a broken hard drive
망가진 하드디스크를 복구하다
restore one's confidence
자신감을 회복하다

heal
(몸과 마음의 상처가 아물어서)
회복하다, 낫다, 낫게 하다

A You should refrain from going to a shaman because medicine is more likely to **cure** you than blind belief.

B I thought it would **heal** my wounds faster.

A **Restoring** your stamina and eating healthy are key part of **recovering**.

B I understand.

A 맹신보다는 의학으로 치유될 가능성이 더 높기 때문에 무당에게 가는 것을 삼가야 합니다.
B 그렇게 하는 게 제 상처를 더 빨리 치유해 회복할 수 있을 거라고 생각했어요.
A 체력을 원상태로 되돌리고 건강하게 먹는 게 회복의 핵심입니다.
B 이해했어요.

---

blind belief: 맹신   **wound**: 상처

11

기대하다
expect vs. anticipate

헷갈리면 **expect**

---

expect
'기대하다'를 뜻하는 가장 일반적인 단어로 계획된 일이 일어날 것이라고 예상할 때 쓰는 표현입니다.

---

anticipate
(어떠한 일이 일어날 것이라고 그에 대한 대비를 하며)
기대하다, 예상하다
anticipate upcoming issues
당면한 문제들을 예상하다

look forward to
(앞으로 일어날 일에 긍정적인 마음으로)
기대하다, 고대하다
look forward to the next meeting
다음 만남을 기대하다

hope for
(좋은 일이 일어나기를) 기대하다, 바라다, 희망하다
hope for world peace 세계 평화를 기원하다

count on
(상대방의 행동에 대해 확실하게) 기대하다,
믿다, 확신하다
Count on me. 나만 믿어.

A Congrats on your pregnancy! Can you **anticipate** the gender?

B Yes. We are **expecting** a cute girl.

A I was **hoping for** a nephew, but I am excited for a niece as well. I **look forward to** meeting her soon.

B I am **counting on** you to be a great uncle.

A 임신 축하해! 성별이 뭔지 예상 가능해?
B 응. 귀여운 여자아이를 기다리고 있어.
A 남자 조카를 바라고 있었지만 여자 조카도 설렌다. 어서 빨리 만나길 고대해.
B 네가 멋진 삼촌이 될 거라 확실히 기대하고 믿는다!

12

예언하다, 예측하다
predict vs. foretell

헷갈리면 predict

---

predict
사실을 근거로 앞으로 일어날 것을 '예언하다, 예측하다'의 의미로 쓰이는 가장 일반적인 표현입니다.

---

foretell 문어체
(신비한 능력으로 미래에 일어날 일을)
예언하다

forecast
(과학적, 객관적 분석을 통해서
발생할 일을) 예측하다, 예측, 예보

foresee
(일이 일어나기 전에) 예견하다

A I heard sunny weather is **forecast** for our Europe trip.

B Where did you hear it from?

A Because I was unable to **foresee**, I went to someone who can **foretell** the future.

B You went to a fortuneteller to **predict** the weather for the trip? That sounds like a waste of money.

A 우리 유럽 여행 때 날씨가 맑을 거라는 예보 들었어.
B 그건 어디서 들었는데?
A 내가 앞일을 예견할 수 없으니 미래를 예언할 수 있는 사람한테 갔지.
B 여행 날씨를 예측하려고 점쟁이한테 갔다는 거야? 돈 낭비한 것 같다.

계산하다
calculate vs. compute

MP3 038

헷갈리면 calculate

calculate
'(셈하여) 값을 구하다, 계산하다'의 일반적인 표현입니다.

compute 격식
(수학 혹은 계산기를 사용하여)
산정하다, 산출하다

estimate
(예상치 혹은
대략적인 정도를)
계산하다, 추정하다,
추산하다

count
(정확한 개수를 알기 위해
숫자를 셈하여)
계산하다, 셈, 계산

A   I am trying to **calculate** my taxes by myself, but this is troublesome.

B   You're **computing** them by yourself?

A   Yup. Can I just roughly **estimate** my numbers? Because I lost **count**.

B   Umm… I think you need to hire a professional tax accountant.

A   혼자서 세금 계산해 보려고 하는데 이거 정말 귀찮다.
B   혼자서 그것들을 계산하는 거야?
A   응. 그냥 어느 정도 추정해서 계산해도 될까? 셈하던 걸 까먹었거든.
B   음… 전문 세무사를 고용해야 할 것 같다.

tax accountant: 세무사

| 참고 | **연산 관련 표현 정리**

add: 더하다 **addition**: 덧셈	
plus: ~에 더한 **Five plus three makes eight.** 5 더하기 3은 8.	
subtract / take away: 빼다 **subtraction**: 뺄셈 **Subtract two from five.** 5에서 2를 빼.	
minus: ~에서 뺀 **Five minus three makes two.** 5 빼기 3은 2.	
multiply: 곱하다 **multiplication**: 곱셈	
times: 배, 곱 **Five times three makes fifteen.** 5 곱하기 3은 15.	
divide: 나누다 **division**: 나눗셈 **Fifteen divided by three makes five.** 15 나누기 3은 5.	
sum / total: 합계, 합산하다	

14

매다, 채우다, 잠그다, 고정시키다 fasten vs. tie

MP3 039

헷갈리면 **fasten**

fasten

두 부분을 연결하여 '매다, 채우다, 잠그다, 고정시키다'의 의미로 쓰이는 가장 일반적인 표현입니다. **fasten**의 발음은 [fǽsn]으로 중간의 **t**는 발음이 안 되는 묵음이니 주의해야 합니다.

fasten the water faucet 수도꼭지를 잠그다

fix

1 움직이지 않게 고정시키다
2 (고장 난 걸) 고치다
3 시간, 장소, 가격 등을 확정하다

tie

(끈처럼 가늘고 긴 것을)
묶어 매다, 묶어 두다

bind

단단히 묶다, (천 등으로) 감싸다, 낱장의 종이를 책으로 묶다

A Honey, can you **fasten** your seat belt? We are late for our son's graduation and we have to hurry.

B Okay. You must **fix** your tie when we arrive.

A No problem. Did you bring our present? We spent all night **tying** knots and **binding** the photo album.

B Oh no! I forgot!

A 여보, 안전벨트 좀 맬래요? 우리 아들 졸업식에 늦어서 서둘러야 하니까요.
B 알겠어요. 도착하면 당신, 넥타이 움직이지 않게 꼭 고쳐 매야 해요.
A 알았어요. 참, 우리 선물 가져왔어요? 밤새워 매듭을 묶고 사진첩 묶었잖아.
B 이런! 깜박했네!

외치다, 소리 지르다
shout vs. scream

헷갈리면 shout

shout!!!

---

shout
'외치다'의 가장 일반적인 표현으로 상대방이 잘 들리도록 '큰 소리로 말하다' 또는 분노, 공포 등의 감정이나
고통 때문에 크게 '소리 지르다'의 의미로 쓰입니다.

---

yell shout보다 격식 없이 쓰임
'고함치다'의 뜻으로 보통은 shout보다
소리가 더 크고 더 감정적인 상황에서 자주 쓰이며,
내뱉는 말소리가
덜 분명할 수도 있음.

scream
(아픔이나 공포로 인해 높고 날카로운 소리로)
비명을 지르다 → 절규하다

roar
1 큰 짐승들이 큰소리로 으르렁거리다
   → 포효하다
2 사람들이 함성을 지르다

cry shout보다 격식 있는 표현
말없이 크게 울부짖다

A This is so frustrating! My daughter has been **crying out** for me in fear
   since we moved here.
B Right, you told me about the small zoo next to your house. Are the
   animals still **roaring** at night?
A Even my husband **screams** out of surprise every time! I tried **yelling**
   at the zookeepers, but it's no use.
B I hope you can win this quarrel and **shout** with joy someday.

A 정말 짜증나! 여기 이사 온 이후로 우리 딸내미가 무서운지 나만 찾고 울부짖어.
B 그러게. 네가 집 옆에 있는 작은 동물원 얘기도 했었는데, 동물들이 아직도 밤에 큰소리로 으르렁거려?
A 우리 남편도 매번 놀라서 비명을 질러댄다니깐! 동물원 관리인에게 내가 고함치고 해 봤는데도 소용없어.
B 언젠가 이 언쟁에서 이겨서 기쁨의 환호를 지르게 되길 바란다.

---

no use: 소용이 없는

무시하다
ignore vs. disregard

MP3 **041**

헷갈리면 ignore

ignore
'(알고 있는 사항을 일부러) 모르는 체하다, 무시하다'를 뜻하는 가장 일반적인 단어입니다.

neglect
(해야 할 일을) 무시하다 →
등한시하다,
방치하다, 태만하다
neglect one's duty
의무를 태만시하다

disregard
(대수롭지 않게 여겨)
무시하다, 묵살하다
disregard one's opinion
의견을 묵살하다

overlook
(중요한 것을) 무시하다 →
간과하다, 의식하지 못하다
overlook a mistake 실수를 눈감아 주다

look down on
(가치가 낮다고 생각하여)
무시하다 → 경시하다
look down on people 사람들을 깔보다

A The parents are being charged with **neglecting** their child.

B I know. I hope the judge does not **disregard** the grandparents' testimony.

A The prosecutor made a slight terminology error which a judge should **overlook**.

B I think it's fine. The judge **ignored** the mistake.

A There are a bunch of journalists **looking down on** the judge and saying he is incompetent. He may have already noticed the error but pretended not to care for it.

A 저 부모들은 아이를 방치한 혐의로 기소되었어요.

B 알아요. 판사가 조부모의 증언을 대수롭게 여겨 묵살하지 않으면 좋겠어요.

A 아까 검사가 판사가 간과할 만한 약간의 용어 오류를 범했더라고요.

B 괜찮은 것 같아요. 판사가 그 실수는 무시하고 넘어갔으니까요.

A 여러 기자들이 이 판사를 얕잡아 보고 그 사람이 무능하다고 하는데요. 이미 실수를 눈치 챘으면서도 신경 안 쓰는 척했을 수도 있어요.

---

be charged with: ~ 혐의로 기소되다　　**testimony**: 증언　　**terminology**: 전문 용어

17

불편하게 하다
bother vs. annoy

MP3 042

헷갈리면 **bother**

---

bother
일을 방해하거나 신경 쓰이게 해서 '불편하게 하거나 귀찮게 하다'를 의미하는 일반적인 표현입니다.

---

annoy
(성가시거나 귀찮은 행동으로)
약간 불편하게 하다, 짜증나게 하다

irritate
(지속적으로 어떤 행동을 반복해서)
심하게 짜증나게 하다

---

disturb
(하는 일에 끼어들어 일을 잘 못하게) 불편하게 하다, 방해하다
disturb a meeting 미팅을 방해하다

A Please stop **bothering** me when I'm working.
B I didn't mean to **disturb** you when you are working from home, but your tone is **irritating** me.
A Sorry. I'm just **annoyed** by the tiniest sounds.

A 내가 일할 때는 제발 귀찮게 좀 하지 말아 줘.
B 네가 재택 근무할 때 끼어들어 방해할 생각은 없었거든. 그런데, 네 말투 때문에 나 진짜 짜증나.
A 미안해. 작은 소리들 때문에 그냥 좀 짜증이 나서 그래.

18

폭행하다, 공격하다
attack vs. hit

MP3 043

헷갈리면 attack

attack
'공격하다'의 가장 일반적인 단어입니다. 사람을 다치게 하거나 살해하려는 물리적인 행위뿐만 아니라 말이나 글을 통해 공격하거나 맹비난할 때도 쓰일 수 있습니다.

assault
상대방에게 직접적으로 폭력을
행사하다 → 폭행하다

hit
(상대방을 손이나 무기로)
치다, 타격

strike hit의 격식 있는 표현
(상대방을 손이나 무기로)
치다, 갑작스럽게 공격하다

invade
안으로 들어와서 공격하다 → 침입하다,
침략하다, 침범하다, 침해하다
invade one's privacy
사생활을 침해하다

A　Someone **invaded** my house last night.
B　Oh my goodness. Are you okay? Were you **assaulted**?
A　Yes, I was **attacked**. But I **struck** that guy back with a baseball bat.
B　Oh, you **hit** the guy! Were you alright?
A　Yeah, I was okay. The guy ran away after getting **hit** by me.

A　어젯밤에 누가 우리 집에 침입했어.
B　세상에. 괜찮아? 폭행당하고 그런 거야?
A　응, 공격받았지. 그렇지만 나도 야구 방망이로 그 사람 되받아쳤어.
B　아, 네가 그 사람을 친 거구나. 너는 괜찮았어?
A　어, 나는 괜찮았어. 그 녀석 나한테 맞고 나서는 도망쳤어.

'몰래' 행동하는 뉘앙스의 단어들

MP3 044

뭔가를 몰래 한다는 것은 비밀스럽게 해야 하거나
그렇게 하는 게 도덕적으로나 법적으로 옳지 않을 경우입니다.
예를 들어, 그냥 보는 게 아니라 뭔가를 몰래 본다는 것은
엿보는 것을 뜻하겠죠. 이렇게 영어 단어에는 특정 행동을
은밀하게 몰래 할 때 쓰는 단어들이 있습니다.
그것들을 알아볼까요?

일반적인 행동	몰래 하는 행동
look 보다	**peek / peep** 엿보다
listen 듣다	**eavesdrop** 엿듣다 **overhear** 우연히 엿듣다
act 행동하다	**spy** 몰래 행동하다 **snoop around** 몰래 염탐하다
approach 접근하다	**sneak** 몰래 접근하다 **stalk** 몰래 (집요하게) 접근하다
trade 거래하다	**smuggle** 밀수하다

A   **Look** at this article. A news reporter has been **spying** in a rival company.

B   Yeah, I heard the news when **listening** to the radio today.

A   The reporter **sneaked** into the company's security database system and tried to **peep** some top-secret information there.

B   Yeah, that person has even tried to **eavesdrop** on regular board member meetings by installing a concealed microphone in the conference room.

A   When the security team leader **approached** the reporter at first, he tried to act like nothing had happened.

B   Remember the paint **smuggling** case last week? I guess the reporter has sent the secret paint **trading** information to some brokers.

A   Then, how come he got caught?

B   There is another news reporter. She **overheard** him talking about **spying** by chance. Then, she **stalked** him and sometimes **snooped around** his house to find some proof.

A   That's how this crime was revealed to the world.

A   이 기사 좀 봐 봐. 한 신문 기자가 경쟁사에서 스파이 짓을 하고 있었네.
B   그러게. 오늘 라디오 듣다가 그 뉴스 들었어.
A   기자가 회사 보안 데이터베이스 시스템에 몰래 접근해서 중요한 비밀 정보를 엿보려고 했고.
B   응. 심지어는 회의장에 비밀 마이크를 설치해서 정기 임원 회의 내용을 도청하려고도 했다는 거야.
A   보안팀장이 기자에게 처음 접근했을 때는 아무 일 없었던 듯 연기했고.
B   지난주에 있었던 그림 밀수 사건 기억해? 내 생각에는 이 기자가 일부 브로커에게 그림 유통과 관련한 비밀 정보를 흘린 것 같은데.
A   그럼, 그 기자가 어떻게 잡힌 거야?
B   다른 뉴스 기자가 한 명 더 있어. 그 사람이 그 기자가 스파이 행위를 말하는 걸 우연히 엿듣게 된 거야. 그런 다음 그에게 몰래 접근해서 증거를 찾으러 집 주변을 가끔씩 몰래 염탐했대.
A   그래서 이 범죄 사건이 세상에 드러나게 된 거구나.

부수다, 깨지다
break vs. smash

헷갈리면 **break**

---

break

'부수다, 부서지다, 깨지다'를 뜻하는 가장 일반적인 단어입니다.

---

ruin

1 (물건을 완전히) 망치다, 박살내다
2 (명성이나 돈을 잃게 만들어) 파멸에 이르게 하다

smash

(강하게 때리거나 부딪혀서)
박살이 나다, 박살내다

shatter

산산조각을 내다,
(갑자기 산산이) 부서지다

collapse

(아래로 갑자기)
부서지다
→ 무너지다, 붕괴하다

demolish

(건물 전체를 완전히)
무너뜨리다,
철거하다,
파괴하다

A　Our plan is to **demolish** an old building today. We need to rope off the area so that it does not **collapse** on bystanders.

B　Okay. Let's go ahead and **shatter** the windows first and **smash** the columns to make it easier to **break** down the walls.

C　Argh... Today's work is going to **ruin** my new pants.

A　우리 계획은 오늘 낡은 건물을 철거하는 것이에요. 건물이 행인들 위로 무너져 내리지 않도록 경계 구역을 쳐야 합니다.

B　알겠어요. 벽을 부수기 쉽게 창문을 먼저 산산조각 낸 다음 기둥을 쳐서 박살을 냅시다.

C　아... 오늘 작업으로 제 새 바지가 엉망이 되겠네요.

---

rope off the area: 경계를 치다　　**column**: 기둥

싸우다, 다툼
fight vs. quarrel

헷갈리면 fight

fight
'싸우다, 다투다'를 의미하며, 가벼운 말다툼부터 시합, 격투, 넓게는 전투까지 다양한 상황에서의 싸움에 쓰이는 가장 일반적인 표현입니다.

compete
1 경쟁하다
2 (시합에서) 싸우다, 겨루다

contest
1 경쟁을 벌이다, 다투다
2 경쟁, 시합, 대회

argue
1 말다툼하다, 언쟁을 하다
2 논리적으로 주장하다

quarrel
(화를 많이 내면서) 말다툼하다, (심하게) 언쟁을 하다
언쟁, 말다툼

A I heard you are **competing** against Judy at the spelling **contest**.

B Yes, we are. We have been **fighting** over who is the best speller since we were young. This **contest** will clear it up.

A I remember last time you **argued** with the judge of the final competition.

B Yeah. I felt the judge was unfair, so I lost. I **quarreled** with the judge, but this time nobody will be able to stop me from winning.

A 철자법 대회에서 주디와 겨룰 거라고 들었어.

B 응, 맞아. 우리는 어렸을 때부터 누가 최고의 스펠러인가를 놓고 싸워 왔거든. 이 대회가 정리해 주겠지.

A 지난번에는 네가 결승전에서 심판과 언쟁했던 거 나 기억한다.

B 맞아. 내가 심판이 공정하지 않다고 느꼈으니까. 그래서 졌지. 심판과 말다툼을 했고. 하지만 이번에는 어느 누구도 내 승리를 멈출 수 없을 거야.

| 참고 | 우리나라 운동 경기에서 구호로 많이 쓰는 Fighting!은 '힘내자'가 아닌 '싸움'의 의미이기 때문에 이런 뜻으로 쓰면 어색한 콩글리시 표현이 됩니다. 이럴 경우, '아자', '힘내자'는 다음과 같이 표현 가능합니다.

아자! 힘내라!

Cheer up!	Bring it on!
Let's go!	Way to go!
Break a leg!	Keep it up!

이기다, 승리
win vs. defeat

MP3 047

헷갈리면 win

win
'이기다, 승리'의 의미로 쓰이는 가장 일반적인 단어로, 주로 경기나 경주, 싸움 등에서 이길 때 씁니다.
또 win은 '(이겨서 그에 대한) 대가를 얻다, 획득하다'의 의미로도 쓰입니다.

defeat
1 (상대와 겨루어서) 물리치다, 패배시키다
2 패배

victory
(경기 또는 전쟁에서의 공식적인)
승리

triumph
1 (역경을 딛고 무수한 노력을 통해서 얻은 위대한) 승리, 대성공
2 큰 승리를 거두다

conquer
상대를 이겨서 복종시키다 →
정복하다, 물리치다

A So how do you **win** this game?

B You have to lead your team to **victory** by **defeating** the enemy and **conquering** their lands.

A That is going to take a long time.

B Yes. But the feeling of **triumph** is long-lasting.

A 그래서 이 게임에서 어떻게 이긴다고?
B 적을 물리치고 그들의 땅을 정복해서 팀을 승리로 이끌어야 해.
A 시간이 오래 걸리겠네.
B 그래. 하지만 위대한 승리의 감정은 오래 지속되지.

죽이다
kill vs. murder

MP3 048

헷갈리면 kill

kill
'(사람, 동물 등의 생명체를) 죽이거나 목숨을 빼앗다'는 뜻의 일반적인 표현입니다. 참고로, **kill the rumor**처럼 뒤에 사물이 나올 경우에는 '~을 끝장내다, 종식시키다'의 뜻으로 쓰일 수 있습니다.

murder
1 (사람을) 죽이다, 살해하다
2 살인, 살해
(= homicide)

assassinate
(사람을 정치적인 이유로) 죽이다
→ 암살하다

execute
1 (법적인 처벌로) 죽이다 → 처형하다, 사형을 집행하다
2 격식 실행에 옮기다

slaughter
1 (가축을) 죽이다, 도살[도축]하다
2 (대량) 학살[살육]하다

strangle
(목 졸라) 죽이다, 교살하다

A I saw the news about the criminal who has been **slaughtering** stray cats last night.

B I saw it too! The news also said he **murdered** a couple of people and even had plans to **assassinate** the president by **strangling** him.

A Wow, he has **killed** a lot. What a crazy person!

B I hope the government **executes** him soon.

A 나 어젯밤에 떠돌이 고양이들을 도살한 범인 관련 뉴스를 봤어.

B 나도 봤어! 또 뉴스에서 그러는데, 그가 사람도 두어 명 살해했고, 심지어 목을 졸라 대통령을 암살할 계획도 있었다네.

A 와, 많이도 죽였네. 완전 미친 사람이구먼!

B 난 정부가 그 사람 빨리 처형하기를 바라고 있어.

| 참고 | 단어의 끝부분이 -cide로 끝나는 대부분의 단어들은 kill의 의미가 있습니다.

homicide 살인	suicide 자살
insecticide 살충제	patricide 부친 살해
herbicide 제초제	matricide 모친 살해
parasiticide 구충제	filicide 자식 살해
pesticide 살충제, 농약	genocide 집단 (종족) 학살
ecocide 환경 파괴	parricide 존속 살해(가족 살해)

없애다, 제거하다
remove vs. erase

MP3 **049**

헷갈리면 remove

---

remove
원치 않는 것, 불필요한 것, 불쾌하거나 더러운 것 등을 '없애다, 제거하다'의 뜻으로 쓰이는 가장 일반적인
단어입니다.

---

get rid of 비격식 (= completely remove)
(원치 않던 것들을) 없애 버리다. 완전히 제거하다, 끝내다

delete
(글, 컴퓨터 파일 등을)
없애다, 삭제하다

erase
1 (기록, 정보, 감정 등 뭔가를 완전히) 없애다, 지우다
2 지우개 등으로 지워서 연필로 쓴 것을 없애다

abolish
(법률, 제도, 조직을 공식적으로)
없애다, 폐지하다
abolish slavery 노예 제도를 폐지하다

A Jane's account was hacked into last week and her social media was
filled with inappropriate things. She had to **delete** her posts and
remove offensive comments all week.

B Oh no! **Erasing** her memories sounds harsh, but she should just **get
rid of** her account and restart.

A They say it would be hard to punish the hacker even if they caught
him.

B We need to **abolish** any law that defends the hackers.

A 제인이 갖고 있던 계정이 지난주에 해킹당해서 걔 SNS가 부적절한 것들로 가득 찼었어. 일주일 내내
게시물 삭제하고 모욕적인 댓글을 없애야 했대.

B 어떡해! 걔의 추억을 지우는 게 가혹하게 들리긴 한데 그냥 계정 완전히 다 삭제하고 다시 시작해야지 뭐.

A 해커를 잡아도 그 사람을 처벌하기가 어렵다고 하네.

B 해커를 옹호하는 법은 모두 없애 버려야 해!

---

be hacked into: 해킹을 당하다   **offensive**: 모욕적인

24

알아내다, 찾아내다
find vs. detect

MP3 050

헷갈리면 find

---

find
무언가가 어디 있는지, 혹은 어디서 무언가를 얻을 수 있는지 '알아내다, 찾아내다'를 뜻하는 가장 일반적인
단어입니다.

---

figure out
밝혀 나가다, (생각한 끝에) 파악하다
figure out a clue 실마리를 찾아 해결해 나가다

detect
(파악하기 어려운 것을)
찾아내다, 감지하다

discover
(특히 처음으로)
발견하다, 정보를 찾다

uncover
(비밀이나 숨겨져 있던 것들을) 밝혀내다, 적발하다
uncover a secret 비밀을 밝히다

A It's my first time in an escape room. How do you do this?

B There are themes for each of them, and you need to **find** clues to
uncover the truth behind each story.

A So, I need to **detect** clues and **figure out** the puzzles, right?

B Yes! It's always exciting to **discover** the answers for the puzzle and
escape the room.

A 방 탈출 게임은 처음인데, 어떻게 하는 거야?
B 모든 방에 각각 주제가 있고, 넌 각 이야기 뒤에 숨겨진 진실을 밝혀낼 실마리를 찾아야 해.
A 그러니까, 내가 단서를 찾아서 퍼즐을 어떻게 풀지 파악해야 한다는 거지?
B 응! 퍼즐 답을 발견해서 방을 탈출하는 건 언제나 신난다니까.

---

escape room: 방탈출(방 안에서 다양한 미션과 퀴즈를 해결하면 그 방에서 탈출할 수 있는 게임)

101

따르다, 따라가다
follow vs. obey

MP3 **051**

헷갈리면 follow

follow
특정한 사람, 명령, 지시, 안내 등을 '따르다, 따라가다'를 뜻하는 가장 일반적인 단어입니다.

obey
(시키는 대로) 따르다, 복종하다, 순종하다

comply with
(법, 명령 등을 엄격하게)
따르다, 준수하다

chase
(대상을 잡으려고 또는 부와 명예를
얻으려고)
뒤따라가다, 쫓다, 추적하다, 추구하다

trace
(흔적을 보고) 따라가다, 추적하다, 추적하여
밝혀내다

A Principal Jones, I heard my twins got into trouble at school for not **obeying** the regulations.

B Yes. Do they have trouble **following** rules at home? The school has given them multiple warnings for stalking a classmate. They even **chased** their friend into the restroom yesterday.

A Are you serious? My kids really did that?

B I'm afraid so. I have an obligation to remind you that failure to **comply with** the regulations will lead to your children being expelled from school, and legal action.

A Please give our apologies to the frightened kid. From now on, I will **trace** wherever they go and whatever they do.

A 존스 교장 선생님, 저희 쌍둥이들이 규정을 지키지 않아 문제를 일으켰다고 들었습니다.
B 그렇습니다. 아이들이 집에서 규칙을 따르는 데 어려움을 겪고 있나요? 학교에서는 쌍둥이들에게 급우 하나를 스토킹하는 걸로 여러 차례 경고했습니다. 심지어, 어제는 친구가 가는 화장실까지 뒤따라갔습니다.
A 정말이요? 제 아이들이 진짜 그랬나요?
B 유감스럽게도 그렇습니다. 저한테는 아이들이 학교 규정을 따르지 않으면 퇴학 처분과 법적 처분을 받게 된다는 걸 부모님께 알려드릴 의무가 있습니다.
A 그 놀라고 겁에 질린 아이에게 저희 사과를 전해 주세요. 이제부터는 아이들이 어디로 가든, 무엇을 하든 추적하겠습니다.

---

stalk: 쫓아다니며 추근대다   **obligation**: 의무

섞다, 섞이다, 혼합하다
mix vs. blend

MP3 052

헷갈리면 mix

mix
다양한 것들을 한데 합쳐서 하나가 되도록 '섞다, 섞이다, 혼합하다'를 뜻하는 가장 일반적인 단어입니다.

blend
(조화를 이뤄 잘 어우러지도록)
섞다, 혼합하다

compound
(화학 요소, 다른 성분이 하나로)
혼합되다, 합성하다

mingle
1 (소리, 냄새, 감정 등이) 하나로 어우러지다
2 (사람들이 뒤섞여) 어울리다

A I love smoothies made of **blended** strawberry and banana.

B Really? Me too! And I love to **mix** in protein powder.

A Ah hah. I don't like my smoothie **compounded** with other chemical substances.

B I used to think like that. Now, let's go **mingle** with our friends.

A 나는 딸기랑 바나나를 섞어 만든 스무디 아주 좋아해.

B 정말? 나도 그런데! 그리고 나는 단백질 가루 섞는 거 아주 좋아해.

A 아하 그렇구나. 나는 내 스무디가 다른 화학 물질이랑 혼합되는 건 안 좋아하거든.

B 나도 예전에는 그렇게 생각했어. 자, 이제 친구들과 어울리러 가 볼까?

protein powder: 단백질 파우더

27

평가하다, 산정하다
assess vs. evaluate

MP3 053

헷갈리면 **assess**

assess
사람이나 사물의 가치, 수준, 정도 등을 '평가하다'를 뜻하는 가장 일반적인 단어입니다. **assess**는 또한 가치나 대가 등 금전적인 요소들을 '수치적으로 산정하다'의 의미로도 쓰입니다.
assess one's ability 능력을 평가하다

evaluate (= assess)
(사람이나 사물의 가치, 수준 정도 등을) 평가하다
evaluate the value 가치를 평가하다

금전적인 수치를 '산정하다'의 의미로는 안 쓰임.

judge
(옳고 그름을) 평가하다, 판단하다, 심판하다
judge a crime 죄를 심판하다

estimate
(가치, 양 등을 대략적으로)
산정하다, 추정하다, 견적을 내다
estimate the cost 비용을 견적내다

A Do you remember the new medical product we got **assessed** last month?

B Do you mean the one that was **estimated** to be losing money?

A Yes. However, it was re-**evaluated** to have medicinal properties for dementia, and now it's going to bring big money to the company.

B You know what they say, don't **judge** a book by its cover! Let's see how it works.

A 지난달에 우리가 평가 받은 신약 제품 기억나세요?
B 적자가 날 것이라고 추정되던 그 제품 말하는 겁니까?
A 네. 하지만 치매에 약효가 있다고 재평가되어 지금은 회사에 큰돈을 가져오게 되었어요.
B 이런 말 있잖아요, 겉모습만 보고 판단하지 마라! 어떻게 돌아가는지 상황을 지켜봅시다.

medicinal property: 약효 성분　**dementia**: 치매

대답하다, 응답하다
answer vs. reply

MP3 054

헷갈리면 answer

answer
'대답하다, 응답하다'를 뜻하는 가장 일반적인 단어입니다.
answer the question 질문에 대답하다

respond
(상대방의 말, 행동에 대응해)
응답하다, 응수하다
respond to the phone call 전화에 응답하다

reply
(답변을 요하는 질문, 요구 등에)
대답하다, 응답하다, 응답
reply to the email 이메일에 답신하다

react
(자극, 행동 등에 직접적인 결과로)
반응하다, 대응하다
react to the medication
약물에 반응을 보이다

return (= reply)
(다른 사람의 질문이나 요청에)
응답하다, 답장하다

A   I called several times to return the item I bought a few days ago, but no one **responded** to my request yet.

B   Is that so? We are sorry for our late **reply**. I would like to **answer** your question now and tell you that we are on our way to collect the product.

A   Thank you for **reacting** so fast.

B   Thank you. Next time, we will **return** your request as soon as possible.

A   며칠 전에 산 물건을 반품하려고 여러 번 전화 걸었는데, 아직 아무도 제 요구에 응하지 않았습니다.

B   그렇습니까? 답변이 늦어서 죄송합니다. 지금 질문에 대답하자면, 현재 저희가 제품을 수거하러 가는 중이라고 말씀드릴 수 있겠네요.

A   빨리 대응해 줘서 고맙습니다.

B   감사합니다. 다음번에는 고객님 요청에 최대한 빨리 회신드리겠습니다.

---

return: 반품하다   **be on one's way**: 가는 길이다

의미하다, 나타내다
mean vs. represent

MP3 **055**

헷갈리면 **mean**

---

mean
'의미하다, 나타내다'를 뜻하는 가장 일반적인 단어입니다.

---

intend
(뜻하고 있는 바를
행동으로 반드시)
나타내다, 의도하다,
~할 작정이다

represent
의미하다, 나타내다
(= mean의 격식체, 문어체 표현)

express
(생각하는 바를 말이나 행동으로)
나타내다, 표현하다
express one's feeling
감정을 표현하다하다

imply
(함축적으로)
나타내다, 암시하다, 내포하다

explain
(상대방이 이해할 수 있도록
자세하게)
나타내다, 설명하다

A   Would you please **explain** what you wanted to **express** through your painting?

B   I **intended** my painting to **represent** memory and parting between two lovers. This shape **implies** longingness.

A   Does this one **mean** love?

B   Right.

A   그림을 통해 무엇을 표현하고 싶었는지 이해할 수 있게 설명해 주시겠어요?

B   저는 제 그림이 두 연인 사이의 추억과 이별을 나타내도록 의도했습니다. 이 모양은 그리움을 함축적으로 내포하고 있지요.

A   이 모양이 사랑을 의미하는 건가요?

B   맞습니다.

---

parting: 이별   **longingness**: 그리움

30

놀라게 하다
surprise vs. shock

헷갈리면 **surprise**

---

surprise
갑작스럽게 예상 밖의 일을 경험하도록 해서 '놀래키다'를 뜻하는 가장 일반적인 표현입니다. 특히 이런 감정 동사는 사람이 주어일 때 과거분사형으로 쓰일 때가 많습니다.

---

shock
(갑작스럽고 예상치 못한 일로/ 대개 안 좋은 충격적인 일로) 놀라게 하다, 충격을 주다

startle
(살짝 충격적이고 불안할 정도로) 놀라게 하다

astonish / amaze
대단히 놀라게 하다

* 두 단어의 뜻은 같지만 부정적인 의미에는 **astonish**를 사용함.

---

stun 비격식
(할 말을 잃거나 어쩔 줄 모를 정도로) 깜짝 놀라게 하다, 망연 자실하게 만들다

cf. stun gun
맞으면 몸이 주체가 안 되는 전기 충격기

astound
경악시키다, 큰 충격을 주다

A The **amazing** movie director really **astounded** the world!

B I am **astonished** too. He really **stunned** us all with his **surprising** ideas for his movie.

A I was **startled** by every single one of his Oscars.

B I agree. I am **shocked** by how successful he became.

A 그 대단히 놀라운 영화감독이 전 세계에 큰 충격을 줬어.
B 나도 정말 많이 놀랐어. 자기 영화에 담은 놀라운 아이디어로 우리 모두 할 말을 잃게 했으니까.
A 그 사람이 받은 오스카상 하나하나에 나 정말 이래도 되나 싶을 정도로 놀랐어.
B 맞아. 나도 그가 얼마나 성공했는지 충격을 받았으니까.

31

줄이다, 낮추다
reduce vs. shorten

MP3 **057**

헷갈리면 **reduce**

---

reduce
크기, 양, 정도 등을 '줄이다, 낮추다'를 뜻하는 가장 일반적인 단어입니다.

---

shorten
(길이, 기간 등을)
짧게 줄이다 → 단축하다

relieve
(고통이나 불편함을)
줄여주다 → 완화시키다

soothe
1 고통, 불편함을 줄여주다,
   완화시키다 (= **relieve**).
2 (심적 불편함을)
   줄여주다 → 진정시키다, 달래다

---

alleviate 격식
(고통이나 불편함을)
줄여주다 → 경감시키다, 완화시키다

save
(비용이나 지출을)
줄이다 → 절약하다, 저축하다

A These pills will be able to **shorten** your recovery time.
B Will these medications also **relieve** the headache I've been having?
A Yes, these will be able to **soothe** the pain and **alleviate** your stress level as well.
B I'm so glad these pills will **reduce** the pain.
A Also, these pills are much less expensive than the previous prescription.
B Thank you. I will be able to **save** some money this time.

A 지금 드리는 이 약들이 회복하는 데 걸리는 시간을 줄여줄 수 있을 겁니다.
B 그럼, 이 약들이 제가 겪고 있는 두통 증세도 줄여줄까요?
A 네, 고통도 덜어주고 스트레스 수준도 줄여줄 겁니다.
B 이 약들이 통증을 줄여줄 거라니 다행이네요.
A 또, 이 약들이 지난번 처방약보다 훨씬 더 저렴합니다.
B 감사합니다. 이번에는 돈도 좀 절약할 수 있겠네요.

팽창하다, 확장하다
expand vs. enlarge

MP3 058

헷갈리면 expand

expand
크기, 부피 등이 사방으로 커져 '팽창하다, 확장하다'를 뜻하는 가장 일반적인 단어입니다.

enlarge
(본래보다 더 크게 만들어서)
팽창시키다, 확대하다

swell
부풀어 오르다, 커지다,
(규모나 양에서)
증대하다

broaden
(영향권이) 넓어지다,
(영향권을) 넓히다

magnify
(크기, 소리, 강도를)
확대해 보다, 크게 하다

extend
(길이, 넓이, 범위 등을)
늘리다, 연장하다

A With this technology, we will be able to **enlarge** our expertise area and **swell** with pride!

B Then, how much will we be able to **broaden** our portfolio?

A We will need to **magnify** all the possibilities fine print to get the exact numbers to you.

B I want to have a clear sense of the numbers so I can see whether it's possible to **expand** our business. I can **extend** the deadline for the project to next week, can you give me the numbers by then?

A 이 기술을 통해 우리는 전문 분야도 더 확대시키고 자부심도 커질 수 있을 겁니다.

B 그렇다면, 우리 포트폴리오는 얼마나 더 넓어질 수 있는 건가요?

A 정확한 수치로 말씀드리려면 모든 세부적인 가능성들을 좀 확대해 봐야 할 것 같습니다.

B 우리 사업이 확장될 수 있는지 볼 수 있게 더 분명한 수치가 있으면 좋겠습니다. 프로젝트 마감일을 다음 주까지 연장할 수 있으니 그때까지 수치를 알려주시겠습니까?

---

expertise: 전문 지식, 전문 기술   **fine print**: (보통 작은 문자로 인쇄된) 세세한 항목

연결하다, 잇다
connect / link vs. combine

MP3 059

헷갈리면 **connect / link**

connect / link
'연결하다, 잇다'를 뜻하는 가장 일반적인 단어입니다.

combine
(각각의 다른 요소들을 하나로)
합치다, 결합하다, 혼합하다

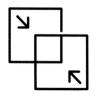

integrate
(둘 또는 그 이상의 요소들을 더
효과적으로 될 수 있게 하나로)
연결하다, 통합시키다
integrate art into science
예술을 과학에 접목시키다

adhere
(서로 강하게 붙여서) 접착시키다, 연결하다, 달라붙다

A If we can **link** these two particles together, our experiment will be a success!

B Have you found any substances that are able to **connect** and **combine** them?

A I did find one that contains the common elements so that they can easily be **integrated**.

B How about we first test out whether this one can **adhere** these two?

A 이 두 입자를 이어지게 할 수 있다면, 우리 실험은 성공한 게 될 겁니다!
B 그 두 개를 이어주고 결합할 수 있는 물질을 찾으셨나요?
A 쉽게 합쳐질 수 있게 공통 요소를 보유하고 있는 물질을 하나 찾기는 했습니다.
B 그럼, 우선 이 물질이 이 두 입자를 접착시킬 수 있는가부터 살펴볼까요?

---

particle: 입자   **substance**: 물질   **common element**: 공통 요소   **test out**: 시험해 보다

키우다, 기르다
raise vs. bring up

헷갈리면 raise

---

raise
아이나 동식물을 '키우다, 기르다'를 뜻하는 가장 일반적인 단어입니다.

---

bring up
(성인이 될 때까지 아이를)
돌보고 키우다

nurture 격식
(어린아이 및 동식물이 잘 자라도록)
보호하여 키우다, 양육하다

---

foster
1 (감정이나 아이디어 등이 발전하도록) 육성하다
2 英 (주로 일정 기간 동안 아이를 맡아서)
  키우다, 위탁하여 키우다

adopt
(아이나 동물을)
입양하여 키우다

A   I don't know if I want to **adopt** a dog or **raise** a child with my husband.

B   Truthfully, I don't know much about dogs. However, as a teacher, I can tell you that **nurturing** children is not easy. It is very important to **foster** a good relationship with them.

A   I think I should read books on **bringing up** children before we decide anything.

A   내가 남편이랑 개를 입양해 키우고 싶은 건지 아이를 키우고 싶은 건지 잘 모르겠어.

B   솔직히, 나는 개에 대해서 잘 몰라. 하지만 교사로서 아이를 양육하는 게 쉽지 않다는 건 말해 줄 수 있어. 아이들과 좋은 관계를 형성하는 게 아주 중요하고.

A   뭔가 결정하기 전에 육아에 관한 책을 읽어 봐야 할 것 같아.

헷갈리면 eat

eat
'먹다'를 뜻하는 가장 일반적인 단어입니다.

---

bite

1 한 입 베어 먹다
2 물다
3 한 입 베어 먹는 양
have a bite
한 입 먹다

nibble
조금씩 야금야금 먹다

munch
(소리를 내가며)
우적우적 먹다

devour
(몹시 배가 고파서)
걸신들린 것처럼 하나도 남기지
않고 먹다

A　When do we eat lunch? I am so hungry I can **devour** my arm.

B　Let's go **eat** after our group project. What do you feel like **munching** on?

A　Anything is fine. I guess I will have to **nibble** on my nails until lunchtime.

B　Here, have a **bite** of my energy bar.

A　우리 점심은 언제 먹지? 나 너무 배고파서 내 팔이라도 먹어 치워 버릴 것 같아.
B　그룹 과제 끝나고 밥 먹으러 가자. 뭐 당기는 거 있어?
A　뭐든지 괜찮아. 배고파서 점심 시간 될 때까지 내 손톱이라도 야금야금 뜯어먹어야 할 판이야.
B　여기, 내 에너지 바 한 입 먹어 봐.

36

마시다
drink vs. sip

MP3 062

헷갈리면 **drink**

---

drink

'마시다'를 뜻하는 가장 일반적인 단어입니다. 이 **drink**는 또 '술을 마시다'의 뜻으로도 쓰이며, 명사로는 '음료, 마실 것, 술' 등의 의미가 있습니다.

---

sip

1 홀짝홀짝 조금씩 마시다

2 한 모금

slurp 비격식

1 (공기를 들이마셔 소리를 내며) 후루룩 마시다

2 후루룩 소리를 내다

---

swallow

꿀꺽 삼키다

gulp

1 많은 양을 벌컥벌컥 마시다, 꿀꺽꿀꺽 삼키다

2 꿀꺽 한 입, 꿀꺽 삼킴

guzzle 비격식

마구 마셔 대다, 진탕 마시다

A Argh... I **guzzled** booze at the get-together last night. I am dying from a hangover right now. And I **swallowed** something wrong, I coughed all night.

B You should try to **gulp** down water or something. Do you want to have a **sip** of my tea?

A It's okay. I am on my way to the cafeteria right now. I will **drink** something there and **slurp** some hangover soup.

A 아, 나 어젯밤 회식 때 술을 진탕 마셨더니 지금 숙취로 죽을 지경이야. 그리고 뭔가를 잘못 삼켰는지 밤새 기침했어.

B 물 같은 걸 벌컥벌컥 마셔 보는 게 어때. 내 차 한 모금 마실래?

A 괜찮아. 나 지금 구내식당으로 가는 길이야. 거기서 뭐든 마시고 해장국 좀 후루룩 마실 거야.

---

booze: 술   **hangover**: 숙취   **hangover soup**: 해장국

영어의 가족 표현 뉘앙스 잡기

영어 문화권에서 가족을 부르는 호칭은 우리가 생각하는 것과 다른 부분이 꽤 있습니다. 우리는 삼촌, 사촌동생처럼 촌수를 기반으로 호칭을 하는 반면, 영어권 국가에서는 직계가족이 아닌 한 정확한 촌수 관계를 중요시 여기지 않으며, 그래서 부르는 호칭도 복잡하지 않고 단순하게 표현할 때가 많습니다. 지금부터 영어로 가족과 관련된 표현들의 의미와 뉘앙스 차이를 배워 볼까요?

sibling (격식): sibling은 직계 형제(brother), 자매(sister)를 통칭하는 '형제자매'를 의미합니다.

spouse (격식): spouse는 당사자의 남편(husband) 또는 아내(wife)를 지칭하는 '배우자'를 의미합니다.

significant other: significant other는 당사자의 '남편, 아내'뿐만 아니라 spouse와 다르게 '애인'을 지칭할 때도 쓰일 수 있습니다.

uncle: 우리말로 주로 삼촌(큰아버지, 작은아버지), 외삼촌으로 번역하는 uncle은 사실 영어에서는 삼촌뿐만 아니라 고모부, 이모부 등 부모님 세대의 모든 형제 가족을 의미합니다. 우리말처럼 보통 같은 가문이면 성(last name)이 동일하기 때문에 Uncle Kevin, Uncle Mike처럼 이름(first name)을 호칭 뒤에 붙여서 누구인지 구분합니다. 그렇기 때문에 영어로 Uncle Kevin은 Kevin 삼촌/외삼촌/이모부/고모부 등 상황에 따라서 다양한 해석이 가능하기 때문에 '부모님과 동일한 항렬의 남자 친척 분'이라고 생각하면 됩니다.

aunt: 우리말로 주로 고모, 이모로 번역하는 aunt는 사실 영어에서는 고모, 이모뿐만 아니라 백모(큰어머니), 숙모(작은어머니) 등 부모님 세대의 모든 자매 가족을 의미합니다. 영어권 국가의 일부 가족은 같은 가문이면 부부가 성(last name)이 동일할 경우도 있기 때문에 Aunt Mary, Uncle Sarah처럼 이름(first name)을 호칭 뒤에 붙여서 누구인지 구분합니다. 그렇기 때문에 영어로 Aunt Mary는 Mary 고모/이모/ 큰어머니/작은어머니 등 상황에 따라서 다양한 해석이 가능하기 때문에 '부모님과 동일한 항렬의 여자 친척 분'이라고 생각하면 됩니다.

cousin: 우리말로 '사촌'을 의미하는 cousin은 uncle과 aunt의 아들, 딸을 의미하여, 당사자와 같은 항렬의 가까운 친척들을 뜻합니다.

in-law: 영어권 국가에서는 **결혼을 통해서 가족이 된 경우에 배우자와 연관된 가족을 표현**할 때 배우자의 가족 관계 호칭 뒤에 in-law를 붙여서 다양한 표현을 만듭니다. 예를 들어서, 장인어른, 시아버지의 경우에는 배우자의 아버지를 뜻하기 때문에 둘 다 father-in-law가 되며, 장모님, 시어머니의 경우에는 배우자의 어머니를 뜻하기 때문에 mother-in-law가 됩니다. 이러한 방식을 적용하면 시누이, 올케는 sister-in-law, 매형, 매부는 brother-in-law가 되고, 손자며느리는 granddaughter-in-law, 시할아버지는 grandfather-in-law가 됩니다.

step: 부모님의 재혼을 통해서 한 가족이 될 경우에는 가족 관계 호칭 앞에 step을 붙여서 표현합니다. 그렇기 때문에 새아버지, 계부는 step-father, 새어머니, 계모는 step-mother, 재혼을 통한 배우자의 아이는 step-child로 표기할 수 있습니다.

half-brother, half-sister: 우리말로는 '이복형제, 이복자매'라고 하며, 형제자매 중 부모님 한쪽 혈통만 동일한 형제자매를 뜻하는 표현입니다.

great: 두 세대를 넘어서는 가족 관계를 표현할 때는 단어 앞에 great를 붙여서 표현합니다. 할아버지보다 더 위의 항렬인 증조부, 증조모를 표현할 때에는 great-grandfather, great-grandmother라고 합니다. 한 세대 더 위의 고조부, 고조모를 표현할 때는 앞에 great를 한 번 더 넣어서 great-great-grandfather, great-great-grandmother가 됩니다. 마찬가지로 증손자들을 말할 때는 great-grandchildren이라고 합니다.

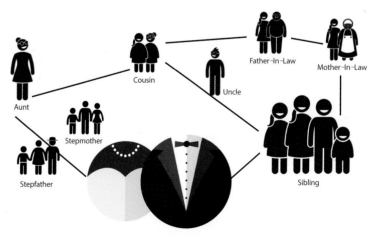

37

만들다
make vs. create

헷갈리면 **make**

---

make

눈에 보이지 않는 것, 상태를 '만들다' 혹은 특정한 재료나 물질을 가지고 '만들다'를 뜻하는 가장 일반적인 단어입니다.

---

build

1 (건물을) 만들다 → 짓다, 건설하다
2 쌓아 올리다, 만들어 내다

construct

(건물 또는 구성을)
만들다 → 건설하다, 구성하다

construct an idea
아이디어를 구체화하다

develop

만들어 나아가다 →
발전시키다, 개발하다

invent

(전에 없던 것을) 만들다 →
발명하다, 지어내다,
날조하다

create

(새롭게) 만들다 → 창조하다, 창작하다

A You wrote in your resumé that you have **invented** several tools to **make** it easier to **construct** wooden buildings. That is impressive.

B Thank you. These tools I **created** have given me a great reputation in this field.

A What would you like to achieve at our company?

B I've always dreamed of **building** my career at this company and further **developing** my future as an architect.

A 이력서에 목재 건물을 더 쉽게 지을 수 있도록 여러 가지 도구를 발명했다고 적으셨더군요. 인상적이네요.
B 감사합니다. 제가 창작한 이 도구들로 이 분야에서는 아주 좋은 평판을 받았습니다.
A 우리 회사에서 무엇을 성취하고 싶습니까?
B 저는 항상 이 회사에서 제 경력을 쌓고 건축가로서 제 미래를 더 발전시키는 것을 꿈꿔 왔습니다.

---

resumé: 이력서   **give someone a great reputation**: ~로 인해 좋은 평판을 받다

38

생산하다
produce vs. manufacture

MP3 064

헷갈리면 produce

---

produce
가치가 있는 것을 만드는 '생산하다'를 뜻하는 가장 일반적인 단어입니다.

---

manufacture
(주로 공장에서 기계를 이용해)
대량 생산하다, 제조하다

generate
(에너지, 수익, 일자리, 아이디어 등을)
발생시키다, 만들어 내다

---

assemble
(여러 부품을 결합하여 하나의 결과물을)
생산하다, 조립하다

A Can you **manufacture** a fan?
B We can **assemble** the parts for you.
A Can't you **produce** a finished product?
B No, that would **generate** some problems.

A 선풍기를 제조할 수 있나요?
B 부품들을 조립해 드릴 수는 있어요.
A 완제품을 생산해 주실 수는 없나요?
B 아니요, 완제품 생산은 문제가 발생할 여지가 있습니다.

---

fan: 선풍기

117

붙이다, 첨부하다
attach vs. stick

MP3 065

헷갈리면 **attach**

---

attach
'붙이다, 첨부하다'를 뜻하는 가장 일반적인 단어입니다.

---

stick
(끈끈하게) 들러붙다, 붙이다

adhere 격식
꽉 들러붙다

stick to, adhere to, cling to, cleave to는
'고수하다'의 의미로도 쓰임.

---

add
(기존의 것에)
추가하다, 첨가하다

affix 격식
(우표, 라벨 등을)
부착하다

patch
(덧대어)
붙이다, 덧붙이다

A   Can you **attach** the minutes file and send the email to me? And don't forget to **add** in last week's file, too.

B   Okay, I will **adhere** to your orders.

A   If email does not work, please **affix** a stamp and send it through express mail.

B   The envelope tore, so I will **patch** it with tape and **stick** a stamp on it.

A   회의록 파일 첨부해서 저한테 이메일 보내주시겠어요? 지난주 파일도 추가하는 것 잊지 마시고요.
B   알겠습니다. 분부대로 따르겠습니다.
A   이메일이 안 되면 우표를 붙여서 속달 우편으로 보내 주세요.
B   봉투가 찢어졌으니, 테이프로 봉투를 덧붙이고 우표를 붙이겠습니다.

---

minutes: 회의록

40

움직이다, 옮기다
move vs. carry

MP3 066

헷갈리면 move

---

move
'움직이다, 옮기다'를 뜻하는 가장 일반적인 단어입니다.

---

carry
(손으로 또는 운송 수단으로)
운반하다, 나르다

transfer
(다른 곳으로 위치를)
옮기다, 이동시키다, 전환시키다

transport
(사람 또는 물건을 한 장소에서 다른 곳으로)
운송하다, 수송하다

convey 격식
1 (물건을) 실어 나르다
2 (말이나 의미를) 전달하다

A Please **transfer** the document to human resources, so we can **move** to the next step.

B I will have the document **transported** in no time. Please **convey** my apology for sending the document so late.

A You seem very busy, so I will **carry** the document myself right away.

A 저희가 다음 단계로 넘어갈 수 있게 인사부에 문서를 보내 주세요.
B 문서를 바로 운송하겠습니다. 문서를 너무 늦게 보내서 죄송하다고 좀 전해 주세요.
A 매우 바쁘신 것 같으니 제가 지금 직접 문서를 가지고 가겠습니다.

---

human resources: 인사부   **in no time**: 바로, 즉시

119

공유하다, 나누다
share vs. divide

헷갈리면 share

share
'공유하다, 서로 나누다'를 뜻하는 가장 일반적인 단어입니다.

divide
(숫자, 몫, 여러 부분들을)
나누다

distribute
1 (일정한 계획 하에)
  나누어 주다, 분배하다
2 (뭔가를) 돌리다

split
1 (작은 부분들로) 나누다
2 (의견이 달라서)
  쪼개지다,
  헤어져서 장소를 떠나다

allocate
(전체 총액에서 정해진 대로)
나누다, 할당하다
allocate the profit 수익을 배분하다

A This epidemic is really getting on my nerves. I think the government is doing their best by **allocating** subsidies and **distributing** masks to the elderly.

B I agree. Do you want to **share** my hand sanitizer if you forgot to bring yours? And did you buy the masks today?

A Oh no! I forgot. Let's buy a lot of masks and **divide** them between us.

B Okay. Let's **split** up. Go to different convenience stores.

A 이번 전염병 때문에 정말 신경이 많이 쓰이네. 정부가 보조금을 할당하고 어르신들에게 마스크를 나누어 드리는 등 최선을 다하고 있는 것 같아.

B 나도 동의해. 혹시 깜박하고 안 가져왔으면 내 손 소독제 나눠 쓸래? 그리고 너 오늘 마스크 샀니?

A 어떡해! 잊어버렸어. 마스크 많이 사서 우리 둘이 나누자.

B 좋아. 여기서 찢어지자. 각자 다른 편의점으로 가 보자고.

get on one's nerves: 신경을 거스르다   **subsidy**: 보조금, 장려금

잡다, 붙들다
hold vs. grab

헷갈리면 **hold**

hold
손으로 놓치거나 떨어뜨리지 않고 '잡다, 붙들다'를 뜻하는 가장 일반적인 단어입니다.

grab
붙잡다, 움켜쥐다

grasp
1 재빨리 잡아채다, 움켜잡다
2 감을 잡다

grip
(테니스나 골프채를
잡듯이 놓치지 않도록)
꽉 잡다, 꽉 쥠

seize
1 (힘을 써서) 와락 붙잡다
2 주도권을 쥐다

snatch
낚아채다, 강탈하다

A   This town is famous for pickpockets. Some people will **snatch** your belongings in a blink of an eye. So, you should follow basic rules when traveling.

B   Really? What are they? Tell me, tell me, quick, quick!

A   Get a grip on yourself, and you have to **hold** onto your phone and **grab** your bags tightly. If someone **seizes** your bag, **hold** onto it.

B   Okay. I **grasped** your idea. Then, I will **grip** their arms and smack them in their heads.

A   Don't **grasp** onto their arms. They may have weapons.

A   이 동네는 소매치기가 많기로 유명해. 어떤 이들은 눈 깜짝할 사이에 네 소지품을 낚아챌 거야. 그래서 여행할 때는 기본 규칙을 지켜야 해.

B   정말? 그게 뭔데? 빨리 빨리 말해 줘 봐.

A   정신을 다 잡고, 항상 전화기를 들고 가방을 꽉 움켜쥐고 있어야 해. 만약 누군가가 네 가방을 꽉 움켜쥐면 꽉 붙잡고 버텨 봐.

B   알았어. 감 잡았어. 그런 일이 생기면 그 녀석들 팔을 붙잡고 머리를 확 때려 버릴 거야.

A   그 사람들 팔 붙잡으려고는 하지 마. 무기가 있을 수도 있잖아.

43

가르치다, 알려주다
teach vs. instruct

MP3 069

헷갈리면 **teach**

---

teach

'가르치다, 알려주다'를 뜻하는 가장 일반적인 단어입니다.

---

instruct 격식

(실용 기술이나 기능법을 체계적으로)
가르치다, 교육하다

train

(업무 활동, 운동에
필요한 지식을)
가르치다, 훈련하다

coach

(운동이나 학과목 관련해
특별 수업을 통해)
가르치다, 지도하다

---

tutor

(1대 1로)
가르치다,
개인 교습을 하다

guide

(어려운 것 등을
어떻게 하는지 보여주며)
지도하다, 이끌다

A You seem like you need some **coaching**. I can **guide** you if you want.

B Yes, I would like some **tutoring**. But I think I would like a female teacher to **train** me.

A Okay, well, we will have Ms. Smith **instruct** you.

B Thank you. I hope she can **teach** me well.

A 코칭이 필요해 보여요. 원한다면 제가 지도해 줄 수 있어요.
B 네, 전 1대 1 개인 교습을 하고 싶어요. 하지만 여자 선생님이 절 훈련시켜 주시면 좋을 것 같아요.
A 알겠어요. 음, 스미스 씨한테 가르치라고 할게요.
B 감사합니다. 그분이 잘 가르쳐 주면 좋겠네요.

훔치다, 도둑질하다
steal vs. rob

MP3 **070**

헷갈리면 steal

steal
'(남의 재물을) 훔치다'를 뜻하는 가장 일반적인 단어입니다.

rob
(강도질하여 돈이나 재산을)
훔치다, 강탈하다

thieve (= steal)
(몰래) 훔치다, 도둑질하다

pirate
(음악, 영화 등을 허락도 없이)
불법 복제하다, 저작권을 침해하다

plagiarize
(다른 사람의 작품 내용이나
아이디어를 자기 것인 양)
훔치다 → 표절하다

A **Pirating** is illegal, you should not do that.

B Why? I am not **stealing** anything.

A It is the same thing as **robbing** a market. You are **thieving** an original idea.

B Okay, I guess it is as bad as **plagiarizing**.

A 저작권 침해는 불법이야. 너 그러면 안 돼.
B 왜? 내가 뭘 훔치는 것도 아니잖아.
A 그건 슈퍼마켓 강도질하는 거랑 같은 거야. 네가 독창적인 아이디어를 훔치고 있는 거라고.
B 알겠어. 표절하는 것만큼 나쁜 거겠네.

헷갈리면 **promise**

promise
'반드시 하겠다고 말하다, 약속하다'를 뜻하는 가장 일반적인 단어입니다.

swear / vow
(진실만을 말하거나 행동하겠다고 공개적으로 굳게)
약속하다 → 맹세하다

pledge
(정식으로 진지하게)
약속하다 → 서약하다, 서약

pledge allegiance
충성을 맹세하다

A   I heard you declared not to betray your friend. You should know he is not worth it.

B   I **swore** that I would never testify against him.

A   That is just a meaningless **pledge** to him. He has **promised** not to say anything about his marital life, but he has tattled on his own wife. As your lawyer, I can affirm that no harm will come to you.

A   친구를 배신하지 않겠다 선언했다고 들었어요. 그 사람한테 그럴 가치가 없다는 걸 당신이 알아야 해요.

B   절대로 그에게 불리한 증언을 하지 않겠다고 맹세했어요.

A   그건 그에게 의미 없는 서약일 뿐이에요. 그는 자기 결혼 생활에 대해 아무것도 말하지 않기로 약속했지만 자기 아내를 고자질했어요. 전담 변호사로서, 당신에게 어떤 해도 안 끼칠 거라고 단언할 수 있습니다.

marital life: 결혼 생활   **tattle on**: ~에 대해 고자질하다   **affirm**: 단언하다

보여주다, 나타내다
show vs. display

MP3 072

헷갈리면 show

show
'보여주다, 나타내다'를 뜻하는 가장 일반적인 단어입니다.

display
(잘 보이게 특정 장소에서)
보여주다 → 전시하다,
내보이다, 진열하다

exhibit
(작품을 박물관 등에서
공개적으로)
보여주다 → 전시하다

present
(특정한 방식으로)
보여주다 → 나타내다

expose
1 (가려져 있던 것을 겉으로)
보여주다 → 노출시키다, 드러내다
2 (주로 안 좋거나 부정직한 내용을)
폭로하다

unveil
(공개되지 않았던 것을
최초로) 보여주다
→ 공개하다

reveal
(비밀로 했거나 놀라운 것을
드러내) 보여주다
→ 드러내다, 공개하다

A　When will you **show** me the new diamond collection? Are you going to **display** them?

B　It turned out to be the vintage collection from the '20s, so it cannot be **exposed** to the public before treatment.

A　How will you **reveal** the collection then?

B　The collection will be **presented** in the museum. It will be **unveiled** and **exhibited** at the charity gala.

A　새 다이아몬드 컬렉션을 언제 보여주실 건가요? 전시를 하실 건가요?

B　그게 알고 보니 1920년대 빈티지 컬렉션이라 특별 관리 전에는 일반인에게 노출될 수 없습니다.

A　그럼, 수집품은 어떻게 공개하실 건가요?

B　그 수집품은 박물관에서 보여질 겁니다. 자선 행사에서 베일을 벗고 공개되어 전시될 것입니다.

the public: 일반 대중　　treatment: 관리, 치료　　charity gala: 자선 행사

조사하다, 검사하다
examine vs. inspect

MP3 073

헷갈리면 **examine**

---

examine (= look into)
'조사하다, 검사하다'를 뜻하는 가장 일반적인 단어입니다.

---

inspect
(문제가 있는지 없는지 세밀하게)
조사하다 → 점검하다, 시찰하다

investigate
1 (사실, 진실 여부를 알아내기 위해 꼼꼼히) 조사하다 → 수사하다
2 연구하다

---

probe
(숨겨져 있는 걸 찾기 위해)
철저히 조사하다

inquire
(신원, 인적 사항 등을)
조사하다 → 조회하다

survey
1 설문 조사하다
2 설문 조사

A   OMG, this CSI expo is out of this world! We should **look into** the instruments carefully. We should **survey** our colleagues to find out which product is popular and introduce it into our lab.

B   That would be great, but we must do our job first. We still have not finished **inspecting** this site yet. Remember what happened at the last expo? We have not finished **investigating** that case.

A   Oh yeah. I wanted to **inquire** about what exactly happened last time. I tried to **examine** the evidence, but I am stuck.

B   That's why we are here to **probe** the participants of the expo.

A   맙소사, 이 CSI 엑스포 정말 훌륭한데요! 기구들을 주의 깊게 살펴봐야겠어요. 동료들 사이에서 어떤 제품이 인기가 있는지 알아보게 설문 조사해서 우리 실험실에 소개해야겠어요.

B   그러면 좋겠지만, 일단 우리 일을 먼저 해야 해요. 아직 이 사이트 시찰을 끝내지 못했잖아요. 지난 엑스포에서 무슨 일이 있었는지 기억해요? 우리 아직 그 사건에 대한 조사도 못 끝냈습니다.

A   맞아요, 저번에 정확히 무슨 일이 있었는지 조회하고 싶었어요. 증거를 조사하려고 했는데 문제에 가로막혀 있거든요.

B   그게 우리가 여기 엑스포 참가자들을 철저히 조사하기 위해서 온 거죠.

확인하다, 점검하다
check vs. confirm

MP3 074

헷갈리면 check

---

check
'확인하다, 점검하다'를 뜻하는 가장 일반적인 단어입니다.

---

scan
1 (기계나 눈으로 모든 영역을 신속하고 면밀하게) 확인하다 → 검색하다
2 (문서 등을) 빠르게 훑어보다

inspect
(특히 품질이나 상태 관련 정보를 찾기 위해 꼼꼼하게) 점검하다 → 검사하다

---

confirm / verify
(말한 내용이 사실임을) 확인하다, 확실히 하다
confirm the order 주문이 맞는지 확인하다

validate   격식
(공식적으로) 확인 후 입증하다, 인증하다, 승인하다
validate through I.D. 신분증을 통해서 검증하다

A I thought I **inspected** my bags thoroughly, but it turned out I had prohibited items when it was **scanned** at the security check. So, I missed my flight. Can I get a refund?

B We have **confirmed** that you have missed your flight. I have **checked** and it is against our policy to give you a refund, so it is impossible for a refund. Sorry about that.

A Can you at least **validate** my parking ticket?

A 제가 가방을 철저히 검사한 줄 알았는데, 보안 검색에서 검색했을 때 저한테 금지 품목이 있던 것으로 드러났어요. 그래서 비행기를 놓쳤네요. 환불 받을 수 있을까요?

B 비행기를 놓치셨다는 고객님 말씀 확인했습니다. 확인해 보니 환불해 드리는 건 규정에 어긋나서 환불이 불가능합니다. 죄송합니다.

A 그럼 제 주차권이라도 확인 인증해 주시겠어요?

---

thoroughly 샅샅이   **turn out:** ~인 것으로 드러나다   **security check:** 보안 검색   **refund:** 환불

내보내다, 풀어주다
release vs. discharge

MP3 075

헷갈리면 release

---

release
'내보내다, 풀어주다, (느낌이나 입장을) 표출하다'를 뜻하는 가장 일반적인 단어입니다.

---

liberate
(속박, 억압으로부터)
풀어주다 →
해방시키다

discharge
(장소나 직무에서)
떠나보내다
→ 해고하다, 석방하다,
   퇴원하다

emancipate 격식
(법적, 정치적,
사회적 제약으로부터)
풀어주다 → 해방시키다

---

dismiss
1 (직장에서) 내보내다 → 해고하다 (= discharge)
2 (모여 있는 사람들을) 내보내다 → 해산하다
3 (반대 입장을) 내보내다 → 묵살하다, 일축하다

expel
(학교 또는 국가에서)
내보내다 →
퇴학시키다, 추방하다

A I don't understand how people can achieve so much in their lives. I just got **discharged** from military and do not know what to do with my life.

B I am sure those people were in your shoes. Einstein did not know he was going to get **expelled** from school, right? Who knew President Lincoln was able to **emancipate** the slaves before he died and change the history of America?

A That's true! I need to **release** my negative energy somewhere else.

B Try not to **dismiss** yourself too much. Otherwise you won't be **liberated** from your worries.

A 어떻게 사람들은 인생에서 그렇게 많은 것을 이뤄 낼 수가 있는지 이해할 수가 없어. 나는 막 제대했고 앞으로 뭘 해야 할지 모르겠는데 말이야.

B 그 사람들도 너의 입장이었을 거야. 아인슈타인은 자기가 학교에서 퇴학당할 줄 몰랐겠지?
링컨 대통령이 죽기 전에 노예를 해방시키고 미국의 역사를 바꿀 수 있을 거라는 것을 누가 알았겠어?

A 그러네! 다른 데서 내 이 부정적인 에너지를 발산해야겠어.

B 자신을 너무 무시하지 않도록 해. 그렇지 않으면 걱정거리로부터 자유로워지지 못 할 거야.

50

만나다, 마주치다
meet vs. face

헷갈리면 meet

---

meet
누군가와 '만나다, 마주치다'를 뜻하는 가장 일반적인 단어입니다.

---

come across / run into
(특정 상황, 장소, 대상을 우연히) 마주치다, 맞닥뜨리다

bump into
(아는 사람을 우연히) 만나다

meet up
(특정한 목적을 가지고 약속을 하여) 만나다

---

encounter 격식
(모르는 사람을 또는 예기치 못한 상황을 우연히) 만나다

convene 격식
(회의, 회담을 통해) 만나다 → 회합하다, 회의를 소집하다

face
1 마주보다
2 (불편한 사람 또는 상황을) 만나다 → 직면하다

A It was nice to **meet** you, Pete, and it was nice to **run into** you again, Judy. Thank you for the creative solutions for the problems I **encountered**.

B You are welcome! Once you **face** such problems, I am sure you will be able to find their solutions more quickly next time.

A That's right. By the way, I **came across** a lovely bar on my way here. Why don't we **meet up** after this convention and go for a drink?

B Sure, that would be great! And... by any chance do you know when the next conference is?

A The conference will **convene** this October.

A 만나서 반가웠어요. 피트. 그리고 우연히 다시 만나서 반가웠어요. 주디. 제가 당면한 문제에 창의적인 해결책을 내 주셔서 감사드립니다.

B 천만에요. 일단 그러한 문제에 직면해 보면, 다음번에는 더 빨리 해답을 찾을 수 있을 거예요.

A 맞아요. 그나저나, 여기 오는 길에 멋진 술집을 우연히 발견했어요. 컨벤션 끝나고 만나서 술 한잔하러 가는 게 어때요?

B 그럼요. 그거 좋겠네요! 그리고 혹시 다음 학회 모임이 언제인지 아세요?

A 다음 학회 모임은 오는 10월에 회합할 예정입니다.

빌려주다
lend vs. lease

MP3 077

헷갈리면 **lend**

lend
돌려받기로 하고 상대방에게 '빌려주다'를 뜻하는 가장 일반적인 단어입니다.

rent out
(사용료를 받고 단기간)
빌려주다 → 임대해 주다
(= 英 hire out)

lease
(부동산 또는 자동차를 정식 계약하고
대개 장기간으로)
임대해 주다

loan
1 美 돈을 빌려주다, 대출하다
2 英 작품을 대여하다

A I heard Mr. Williams had to mortgage one of his condos to pay off his interests for the money the bank **loaned** him.

B He did? I also **lent** him money.

A I thought he makes a fortune by **leasing** out office space and **renting out** his apartments. Maybe that's just a rumor.

A 윌리엄스 씨가 은행에서 빌려준 돈 이자를 갚으려고 아파트 하나를 저당 잡혀야 했다고 들었어.
B 그랬어? 나도 그 사람한테 돈 빌려줬는데.
A 그 사람이 사무실 공간 임대하고 자기 아파트들 세 줘서 돈을 많이 버는 걸로 알고 있었는데.
　　그냥 소문인가 보네.

---

mortgage: 저당 잡히다   **condo**: 아파트 (= apartment)   **make a fortune**: 큰돈을 벌다

지켜보다
watch vs. observe

MP3 078

헷갈리면 watch

watch
'(어떤 대상의 움직임이나 변화를) 관심 있게 신경 써서 보다. 지켜보다. 주시하다'를 뜻하는 가장 일반적인 단어입니다.

observe
(뭔가를 알아내기 위해 주의 깊게)
살펴보다 → 관찰하다, 예의 주시하다

monitor
(긴 시간 동안 진행이나 변화 과정을)
지켜보다 → 추적 관찰하다

supervise
(누군가가 어떤 작업이나 일을
올바르게 잘하고 있는지)
지켜보다 → 감독하다

surveil / keep an eye on
(주의 깊게)
계속 지켜보다 → 감시하다

A I heard you got a new job! What do you do now?

B I used to **monitor** radiation releases at the power plant, but now I **supervise** overseas workers.

A Wow! I used to **observe** people for neighborhood patrol, but it was no fun. Do you like your new job?

B I need to **watch** them 24/7. **Keeping an eye on** everyone is exhausting.

A Oh my, you can't take a break from **surveiling** them?

A 새 직장 구했다면서! 지금 무슨 일해?
B 전에는 발전소에서 방사능 유출을 추적 관찰했는데 지금은 해외 근무자들을 감독하고 있어.
A 와! 내가 전에 동네 방범 때문에 사람들을 관찰하곤 했는데 재미없었거든. 새 직장은 마음에 들어?
B 그 사람들을 24시간 내내 지켜봐야 해. 모든 사람을 그렇게 감시하는 게 매우 피곤하네.
A 어떡해. 쉬지도 못 하고 감시하는 거야?

| 주의 |

CCTV는 closed-circuit TV의 줄임말로, 우리에게 익숙한 '보안 비디오카메라'를 의미합니다. 하지만 영어권 국가에서 이러한 보안 카메라는 CCTV보다 security camera 또는 surveillance camera가 더 익숙한 표현들입니다.

행정구역 영어 표현 뉘앙스

village
주로 소규모 가구가 모여 사는 한적한 작은 마을을 의미합니다. 우리말의 촌(村)과
유사한 규모로 생각하면 자연스럽습니다. (민속촌 = folk village)

town
village보다는 크고 city보다는 작은 규모의 소도시를 의미합니다.

city
town보다 큰 일반적인 규모의 도시를 뜻합니다.

metropolis / metropolitan city
줄여서 metro로 자주 표기하며, 대도시를 의미하는데 우리나라에서는 행정구역상
광역시를 의미합니다. (부산광역시 = Busan Metropolitan City)

province
수도가 아닌 지방을 의미하며, 우리나라에서는 행정구역상 도를 의미합니다.
(경기도 = Gyeonggi-do Province)

capital
한 나라 또는 자치주의 중앙 정부가 있는 수도를 의미합니다.

cosmopolis / cosmopolitan city
미국 뉴욕시(New York City)처럼 다양한 인종과 문화를 공유하는 대규모의 국제도시를
의미합니다.

county

미국, 영국에서 city보다 크고 state보다 작은 자치주, 자치군을 의미합니다.

state

미국, 캐나다, 호주에서 여러 개 county들이 합쳐진 대규모 지역, 주를 의미합니다.
미국은 50개 주가 모인 연합국가로 the United States of America 또는 the States라고
합니다.

district

행정상 목적으로 나누어 놓은 지구의 의미가 있으며, 학군을 school district로 표현합니다.
또, 특정 분야가 발달된 지구 역시 district로 표현하는데, financial district(금융 지구)가
이에 해당합니다.

기타 지역 관련 표현들

urban: 도시의	suburb: 교외, 도시 근교 지역	regional: 지방의, 지역의
the country / countryside: 시골 지역	domestic: 국내의	local: 현지의, 지역의

| 주의 |

country 자체는 '국가'를 뜻하며 **the country**가 '시골 지역'을 뜻합니다.

133

SECTION 2
명사

헷갈리면 food

---

food

'먹을 것'을 뜻하는 가장 일반적인 단어입니다. 그렇기 때문에 식량, 음식, 식품, 먹이 등 모든 종류의 먹을 것과 관련된 뜻으로 쓰일 수 있습니다.

---

meal	**cuisine**	**dish**	**diet**
(한 끼에 먹을) 음식, 식사	1 (고급 식당의 특별한) 요리, 음식 2 요리법 (= recipe)	(식사의 일부로 만든) 요리 main dish: 주요리 side dish: 곁들임 요리, 반찬	(평소에 먹는) 일상 음식, 식단

A I'm famished! I need **food** in my stomach.

B Let's have Italian **cuisine** for our next **meal**. There is a new restaurant I wanted to go to with you.

A Sounds great, but I am on a strict vegetarian **diet**.

B No wonder you are starving. You must try the eggplant **dish** there. It's amazing.

A 배고파 죽겠어! 뱃속에 음식이 필요하다고.

B 다음 식사로 이탈리아 요리 먹자. 너랑 같이 가고 싶었던 새로 생긴 식당이 있거든.

A 좋은 생각이긴 한데 내가 엄격하게 채식주의 식단을 따르고 있어서 말이지.

B 배가 고픈 게 당연하구먼 뭘. 너 거기서 가지 요리를 꼭 먹어 봐야 해. 정말 놀랄 정도로 맛있어.

| **참고** | **음식의 상태를 나타내는 다양한 표현들**

greasy, oily	기름진	fishy	비린내 나는
juicy	즙이 많이 나는	crusty	딱딱한 껍질이 있는
hearty	푸짐한	gooey	부드럽고 끈적거리는
rubbery	씹는 맛이 질긴	chewy, sticky	쫄깃쫄깃한
tender	(고기가) 연한	美 sparkling, 英 fizzy	(탄산) 거품이 나는
fermented	발효된	thick	(국물이) 걸쭉한
spongy	폭신폭신한	clear	(국물이) 맑은
soggy	질척거리는, 눅눅한	mushy	흐물흐물한, 물컹거리는
crumbly	푸석푸석한, 잘 부서지는	starchy	전분기가 많은

손님
guest vs. customer

guest
'초대를 받은 사람, 손님'을 뜻하는 가장 일반적인 표현으로, 초청이나 행사 등에 참여하거나 호텔, 음식점 등에서 서비스를 받는 손님을 뜻합니다. guest는 비용 지불과 상관없이 대접을 받는 모든 대상에게 쓰일 수 있습니다.

visitor
(특정한 대상, 장소 방문을 목적으로 하는) 손님, 방문객

customer
(주로 매장에서 물건을 구입하거나 서비스를 이용하는) 손님 또는 기업, 고객

client
(법률, 금융 등 전문적인 서비스를 받는) 고객 또는 고객사, 의뢰인

A   Did all our **guests** arrive from France?

B   Yes. We need to separate them into two groups. One group of **clients** to sign an agreement and another group of **visitors** going undercover as **customers** to survey our services in our hotel.

A   Let's get on with the plan.

A   우리 손님들이 프랑스에서 모두 도착하셨나요?

B   네. 그분들을 두 그룹으로 나누어야 해요. 계약서에 서명하는 의뢰인 그룹과 저희 호텔 서비스를 조사하기 위해 고객으로 위장하는 방문객 그룹으로 나누어야 하는 거죠.

A   계획대로 진행합시다.

---

sign an agreement: 계약서에 서명하다   **go undercover**: 스파이가 되다
get on with: ~을 계속 하다

소문
rumor vs. gossip

헷갈리면 **rumor**

---

rumor
사람들이 서로 이야기하는, 사실일 수도 아닐 수도 있는 이야기나 정보, 즉 '소문'을 뜻하는 가장 일반적인
표현입니다.

---

gossip
(남의 사생활에 대한
부정적인)
소문, 험담

tittle-tattle 비격식
gossip(험담)의 구어체 표현
→ 잡담

hearsay
(전해 들은)
소문 → 풍문

---

scandal
(부도덕하고
추잡한
충격적인)
소문 → 추문

word of mouth
(입에서 입으로 전해진)
소문 → 입소문

A   Hey, did you hear about the **scandal** between the CEO and his
    secretary?

B   I know it by **hearsay**. But I don't believe in **rumors**.

A   It's not a **rumor**! The head of the secretary department saw them
    together, and now the whole office is buzzing with **gossip**.

B   Really? Then, it doesn't sound like mere **tittle-tattle**.

A   어이, 사장님이랑 비서 스캔들(추문) 얘기 들었어?
B   풍문으로 들어서 알고 있어. 하지만 나는 소문은 안 믿어.
A   그거 소문 아니야! 비서실장이 그들이 함께 있는 것을 봤고, 지금은 사무실 전체가 험담으로 웅성거리고
    있다니까.
B   진짜? 그렇다면 그저 그런 사소한 잡담거리가 아닌 것 같네.

4

의사
doctor vs. physician

MP3 **082**

헷갈리면 doctor

---

doctor

'의사'를 지칭하는 가장 일반적인 표현입니다.

---

physician

의사, (특히) 내과 의사

specialist

(각 분야의) 전문의

A   I've had a stomachache for a few days now. Do you think I need to go see a **specialist**?

B   No, a **doctor** is enough for a stomachache. You should go see a **physician**.

A   But I need to see a **surgeon** if it turns out I need an appendectomy.

A   며칠 동안 계속 배가 아파. 전문의한테 가 봐야 할 것 같아?

B   아니, 복통은 그냥 의사로도 충분해. 내과 의사한테 가 봐.

A   그런데 맹장 수술이 필요하다고 나오면 외과의한테 가야 할 것 같은데.

| 참고 | **분야별 전문의**

general practitioner 일반의, 가정의	orthopedist 정형외과 의사
anesthesiologist 마취과 의사	otolaryngologist / ENT doctor 이비인후과 의사
dentist 치과의사	pediatrician 소아과 의사
dermatologist 피부과 의사	physiatrist 재활의학과 의사
endourologist 내분비내과 의사	plastic surgeon 성형외과 의사
oncologist 종양학과 의사	psychiatrist 정신과 의사
neurologist 신경과 의사	public health doctor 공중 보건의
obstetrician / gynecologist (산)부인과 의사	radiologist 방사선과 의사
ophthalmologist / eye doctor 안과 의사	urologist 비뇨기과 의사
surgeon 외과 의사	internist 내과 전문의

5

짐, 화물
load vs. baggage/ luggage

헷갈리면 **load**

---

load

'짐', '화물' 등 운송 수단에 실어 운반하는 물건을 뜻하는 가장 일반적인 단어입니다. **load**는 동사로 '짐을 싣다', '적재(장전)하다'의 의미로 쓰이기도 합니다.

---

baggage / luggage

(여행자가 손수 나를 수 있는) 짐, 수하물
* 북미에서는 baggage를,
유럽에서는 luggage를
선호.

suitcase

낱개의 수하물 한 개
(= a piece of
baggage
/ luggage)

belongings

소유하고 있는
물품, 소지품

cargo

(주로 배나 항공기로
운반하는) 대형 화물

burden 격식

1 부담이 되는 마음의 짐
2 (운반이 어려운
아주 무거운) 짐

freight

(운송 수단을 통해 이동하는)
짐, 화물

| 주의 |　　baggage와 luggage는 낱개의 짐이 아니라 집합명사로 쓰여서 '짐 꾸러미'를 의미합니다.

A　Hey, long time no see. How was your trip to Hawaii?

B　It was horrible! The airline lost all my **baggage**. All my **belongings** are somewhere in Hawaii. They said they'd forward them to me in a **load** on a **cargo** ship.

A　Oh no. That's unfortunate.

B　Tell me about it! I don't mind losing the **suitcase**, but the laptop is the problem. If I have to buy a new one, it would be such a financial **burden**.

A　안녕, 오랜만이네. 하와이 여행은 어땠어?

B　최악이었어! 항공사가 내 짐 전부를 잃어버렸고 내 모든 소지품들은 하와이에 있어. 항공사에서는 화물선 편으로 내 짐들을 보낼 거라고 하더라고.

A　이런, 참 운도 없다.

B　그러게 말이야! 여행 가방 잃어버린 건 괜찮거든. 그런데 노트북이 문제야. 새로 사야 한다면 재정적으로 부담이 가네.

Tell me about it!: 내 말이 그 말이야.

제품
product vs. goods

헷갈리면 product

---

product
판매용으로 대량 생산하는 제품, 즉 '상품'을 의미합니다.

---

goods
(소재, 용도 자체를 강조한) 제품
leather goods(가죽 제품),
concert goods(콘서트 관련 제품)

merchandise 격식
판매 상품 또는 official Olympic
merchandise(올림픽 공식 상품)
처럼 홍보 목적의 상품

produce
생산물,
농산물

grocery
식료품

ware
(길거리나 시장에서 파는)
생활용품

souvenir
기념품

A How was your business trip to Korea? Did you bring me any **souvenirs**?

B Of course. I got your gift from the BTS **merchandise** store. I also visited a huge **grocery** store to buy some fresh **produce** and dairy **products** but I was not allowed to bring them back here. So I got some dried **goods** for you.

A Yay~ Thanks, I love BTS. And you brought some kitchen**wares**, too!

A 한국 출장은 어땠어? 내 기념품 뭐라도 사 왔어?

B 당연하지. BTS 상품점에서 선물 샀어. 대형 식료품점에 가서 신선한 농산물이랑 유제품도 사 오려고 했는데 여기로 가지고 오는 게 안 되더라고. 그래서 건어물류로 사 왔어.

A 와~ 고마워. 나 BTS 정말 좋아하는데. 주방용품도 가져왔네!

---

dried goods: 건어물

방법, 방식
way vs. method

MP3 085

헷갈리면 **way**

---

way
'길'에서 유래한 표현으로 '방법, 수단'을 뜻하는 가장 일반적인 단어입니다.

---

method
(체계적으로 만들어진) 방법

manner
1 격식 (일이 진행되는) 방식   2 태도

---

approach
처리 방법, 접근법

technique
(일을 잘 해내는 특별한)
방법, 기법

means
(행하기 위한) 방법, 수단
* 단수, 복수 모두 가능

A I think the pharmaceutical company's **approach** on dealing with cancer is unique. This is a new **way** of treatment that nobody has ever tried before.

B I heard the **technique** seems flawless, so I would like to check the process.

A However, I don't understand why the medical association had to disregard the treatment **method** so quickly. It would have been a good **means** to phase out some older treatment **methods**.

B I agree. The **manner** of announcing the decision was regrettable.

A 암 치료에 대한 그 제약회사의 접근법이 독특한 것 같아요. 이전에 어느 누구도 시도해 본 적 없는 새로운 방식의 치료법이죠.

B 그 기법이 흠잡을 데 없는 것 같다고 들어서 그 과정을 확인하고 싶네요.

A 그렇지만, 왜 의학협회가 그렇게 빨리 그 치료법을 묵살해야 했는지 이해할 수가 없네요. 예전 치료법을 줄여 나가면서 새로이 대체할 수 있는 좋은 수단이었을 텐데 말이죠.

B 그러게요. 그 결정을 발표하는 방식은 유감스러웠어요.

---

pharmaceutical company: 제약회사   **flawless**: 결점 없는   **disregard**: 묵살하다
regrettable: 유감스러운

유행
fashion vs. trend

헷갈리면 fashion

fashion
'유행'을 뜻하는 가장 일반적인 단어로, 의상이나 헤어스타일 등 주로 아름다움과 연관된 유행을 의미합니다.
그러다 보니 fashion 자체가 '의류업'을 뜻하기도 하지요. fashion은 또 '행동'이나 '문화가 유행하는 방식'을
뜻하기도 합니다.

## trend 유행의 흐름, 동향, 추세	## vogue 전반적인 유행
## fad (짧은 시간 동안) 반짝하는 유행	## craze (일시적인) 대유행

A I think the **trends** are changing too fast these days.

B I totally agree. I tried several **fad** celebrity diets which did not help me lose weight. And I also tried all the latest **crazes** sweeping this country including the Dalgona coffee.

A Blue is in **vogue** and boot pants from the 70s are in **fashion**! It is so weird.

A 요즘은 유행의 흐름이 바뀌는 속도가 너무 빠른 것 같아.

B 전적으로 동의해. 나, 살 빼는 데 도움도 안 된 반짝 유행했던 연예인 다이어트도 여러 번 시도해 봤고,
최근에 달고나 커피뿐 아니라 여기서 완전 열풍인 최신 유행하는 것도 다 해 봤어.

A 블루 컬러가 전반적인 유행을 타고 있고, 70년대 부츠 팬츠가 유행하고 있잖아! 진짜 이상해.

---

celebrity: 유명인(특히 연예인)　**sweep**: 휩쓸다　**weird**: 이상한

헷갈리면 medicine

medicine
'약, 의약품'을 뜻하는 가장 일반적인 단어입니다.

drug	**medication**	**remedy**
1 의약품	(환자에게 처방하는 치료용)	치료약, 치료법
2 약물, 마약	약, 약품 → 의약품	

pill / tablet	**capsule**	**prescription**
가루나 결정 형태의 약을	가루나 액체로 만든 약을	처방된 약, 처방전
뭉쳐서 만든 둥글넓적한	캡슐 안에 넣어서 만든 약	
모양의 약제, 알약		

A   Do you have the **medicine** called ABC? It's for my allergies.

B   I am sorry, but ABC is a **drug** I cannot give to you without **prescription**. I can suggest other **remedies**. Do you prefer **pills** or **capsules**?

A   Anything is fine. Does it matter if I am on other **medication**?

B   No, it's fine.

A   ABC 약 있어요? 제 알레르기 때문에 복용하려고요.

B   죄송하지만, ABC는 처방전 없이는 드릴 수 없는 약이에요. 다른 치료약 제안해 드릴게요. 알약과 캡슐형 약 중 어느 게 더 좋으세요?

A   아무거나 좋습니다. 다른 약을 복용해도 상관없나요?

B   아뇨, 괜찮아요.

---

matter: 문제가 되다   **be on medication**: 약을 복용하다

문제
problem vs. trouble

헷갈리면 problem

problem
시험 등의 문제, 상황을 어렵게 만들거나 이해하기 어려운 문제, 잘못 되었거나 정상적이지 않은 것을 바로잡아야 하는 '문제'를 뜻하는 가장 일반적인 단어입니다.

question
(시험이나 검사 등의) 문제, 질문

trouble
(걱정거리나 불안 요소를 만들어 내는) 문제, 골칫거리

issue
1 (논의의 핵심이 되는) 문젯거리, 주제, 화제
2 (걱정거리가 되는) 문제

matter
(해결해야 할) 문제

A What's the **matter**? Why the long face?

B I ran into **trouble** with my university because apparently one student had an **issue** with my teaching method.

A Why? What was the **problem**?

B The student had a **question** she could not solve. Instead of telling her the answer I told her the methods she could use to solve the **question**. I guess she wanted a straight answer.

A 무슨 문제 있어? 왜 그렇게 시무룩해?

B 내가 대학 당국이랑 좀 문제에 부딪혔어. 한 학생이 내 교수법에 문제를 제기했거든.

A 왜? 뭐가 문제였는데?

B 그 학생이 풀지 못한 문제가 있었어. 그 학생에게 답을 말해 주는 대신 그 문제를 해결하는 데 활용할 수 있는 방법을 말해 줬거든. 그 학생은 그냥 바로 해답을 원했던 것 같아.

---

long face: 시무룩한 얼굴   **straight**: 직접적인, 에두르지 않는

11

무서움, 두려움, 공포
fear vs. terror

MP3 089

헷갈리면 **fear**

---

fear
무서움, 두려움 그리고 그로 인한 '공포'를 뜻하는 가장 일반적인 단어입니다.

---

alarm
(위험하거나 불쾌한 상황이 일어날 것 같아서 갑작스럽게
오는) 공포, 불안함

terror
(극도의)
두려움, 공포, 테러 행위

---

anxiety
(미래에 일어날지 모른다는 불안감에서 오는)
두려움, 염려, 걱정거리

panic
(이성적인 판단과 행동을 막을 정도로
갑작스럽고 극심한)
공포, 공황, 허둥지둥거림

A My goodness, I am about to have a **panic** attack.

B What is the cause for this **alarm**? I can see **terror** in your eyes.

A My school is sending my report card to my parents, and I know I messed up this semester. I have **anxiety**!

B Have no **fear**! You are going to be fine.

A 맙소사, 나 곧 공황 발작이 일어날 것 같아.
B 이 갑작스런 불안함의 원인이 뭔데? 네 눈에서 공포가 보여.
A 우리 학교가 성적표를 부모님께 보낸다는데, 내가 알기로 이번 학기는 망쳤어. 나 불안하고 걱정돼.
B 두려워하지 마! 괜찮을 거야.

---

be about to + 동사원형: 막 ~하려고 하다   **report card**: 성적표   **mess up**: 엉망으로 만들다

운명
destiny vs. fate

헷갈리면 destiny

destiny
인간이 어찌할 수 없는 '운명'을 뜻하는 가장 일반적인 단어입니다.

## fate (피하거나 거스를 수 없는) 운명, 숙명	## doom (죽음이나 파괴처럼 피할 수 없는 비참한) 운명, 비운	## karma (불교와 힌두교에서 자신이 베푸는 대로 돌아오는) 운명, 업보, 인과응보

A   Did you watch the news about some celebrities' arrest for drug use?
     Looks like **karma** got to them.

B   I heard! They were secretly doing drugs and the paparazzi turned his
     chance into **fortune**.

A   What a twist of **fate**! I guess they could not avoid their **doom**.

B   Maybe their **destiny** was entwined with the paparazzi.

A   일부 유명인들이 마약 투약으로 체포됐다는 뉴스 봤어? 업보가 그들을 사로잡은 것 같아.

B   들었어! 그들이 몰래 마약을 하고 있었고, 파파라치는 이번 기회로 운이 트이게 된 거지.

A   이게 무슨 운명의 장난이야! 내 생각에 그 사람들, 자신들이 파멸할 운명이라는 걸 피할 수 없었나 봐.

B   그들의 운명이 파파라치와 서로 얽혀 있었을 수도 있고.

---

arrest: 체포   entwine: 꼬이다, 뒤엉키다

수입
income vs. revenue

MP3 091

헷갈리면 income

---

income
일을 통해서 정기적으로 벌어들이는 '수입'을 뜻하는 가장 일반적인 단어입니다.

---

revenue
(기업이나 단체가 상품이나
서비스를 통해서 얻는)
수입, 매출

profit
(총 수익금에서
기회비용을 제외한)
수입, 순이익, 수익

salary
(노동의 대가로 매달 통장으로
직접 들어오는)
수입, 급여, 월급

---

wage
(대학 교육이 필요한 일보다 신체적 기술이나 힘을 활용한
노동의 대가로 받는) 비용 → 임금, 급료

earnings
(일을 통해서 벌어들이는)
총 수입

A Our company's quarterly **revenue** decreased due to the economic recession.

B Yeah, it seems like a lot of companies are losing **profit** during this situation. Some of them are only paying minimum **wage**.

A I'm concerned about my **income**. I just hope that there aren't any **salary** cuts.

B Well, if it does happen, we'll need to find ways to restore our **earnings**.

A 경기 불황으로 인해서 우리 회사 분기별 매출이 줄어들었어.
B 그래, 이 상황에서 많은 회사들이 수익이 감소된 것 같아. 일부 회사들은 최저 임금만 주고 있더라고.
A 난 내 수입 때문에 걱정이야. 그저 급여 삭감만 안 되길 바랄 뿐이다.
B 음, 그런 일이 일어나면, 우리 수입을 회복할 방법을 찾아야겠지.

---

quarterly: 분기별의   **be concerned about**: ~을 걱정하다   **restore**: 회복하다

지역, 영역, 분야
area vs. field

MP3 **092**

헷갈리면 area

area
특정한 곳에 위치한 '지역, 영역, 분야'를 뜻하는 가장 일반적인 단어입니다.

field
1 (특정한 관심) 분야
2 땅, (주로 울타리로 두른) 들판

region
(위치적, 사회 문화적으로 유사한 특징을 지닌)
지역, 지방
mountain regions 산악 지방

district
(특정한, 공식적인 목적에 따라 분리해 놓은)
지역, 지구
school district 학군

section
(여러 개로 나눠 놓은)
지역, 구역

A   This **field** has not yet been occupied by our enemy!

B   That's good news. Let's prepare to do battle against them before they arrive in this **region**.

A   In which **district** should I start the preparation?

B   Stand by at **section** B for now, and I will assign you to a different **area** soon enough.

A   아직 적군이 이 땅은 점령하지 못했습니다!

B   좋은 소식이네. 적군이 이 지역에 도착하기 전에 그들과의 전투에 임할 준비를 합시다.

A   어느 지구에서 준비를 시작하도록 할까요?

B   지금은 B 구역에서 대기하게. 그럼 내가 곧 다른 지역으로 배정하도록 하겠소.

---

occupy: 점령하다   **stand by**: 대기하다   **assign**: 배정하다

헷갈리면 mistake

OOPS!

---

mistake
의도하지 않는 결과로 인한 '실수, 잘못'을 뜻하는 가장 일반적인 단어입니다.

---

slip
(가벼운) 실수

flaw
(사람, 사물의)
잘못된 점 → 결함, 결점

fault
(행동에서 비난을 받을 만한)
잘못된 점, 실수 → 과오, 책임

blunder
(어리석은 행동이나 생각으로 인한)
심각한 실수

error 격식
(원칙, 논리에 부합하지 않는)
실수 → 오류

A I got a recall call for the microwave I bought last year, and I am wondering if it's a **mistake**.

B No, you came to the right place. There have been emerging **errors** with the model and our company decided that there was a design **flaw**. It is our **fault**, so we will replace it for you right away.

A Okay, it wasn't my **slip** when my meals are sometimes overcooked with the microwave.

B I am so sorry. It is our **blunder**. We will change your microwave with a new one right away.

A 작년에 산 전자레인지 리콜 전화를 받았는데요, 혹시 실수인 건 아닐까 싶어서요.

B 아닙니다. 제대로 오셨어요. 그 모델에서 오류가 발생하여 회사에서는 설계상 결함이 있다고 결정내렸습니다. 저희 잘못이니 즉시 교체해 드리겠습니다.

A 알겠어요. 가끔씩 전자레인지를 돌리면 음식이 너무 익었던 게 제 실수가 아니었네요.

B 대단히 죄송합니다. 저희 실수입니다. 기존 전자레인지를 새 제품으로 바로 바꿔 드리겠습니다.

---

come to the right place: 제대로 찾아오다   **emerge**: 드러나다, 생겨나다

비용, 요금
cost vs. fee

헷갈리면 cost

cost
'비용, 요금'을 뜻하는 가장 일반적인 단어입니다. 이 **cost**는 동사로 '비용이 ~이다'의 의미가 있으며, **costly**는 형용사로 '많은 비용이 드는, 대가가 큰'을 뜻합니다.

fee
1 (가입, 등록, 입장을 위한) 요금
2 (의료, 법률 같은 전문적인 서비스의 대가로 내는)
비용 → 수수료, 보수

charge
(서비스를 제공받거나 이용한 만큼의 금액을 지불하는)
비용 → 이용료, 요금

fare
(교통수단에 내는)
요금 → 운임

expense
(특정한 일, 목적 등에 소요되는)
비용 → 경비, 지출

toll
통행료

A The **cost** for traveling in Europe is so expensive. There is a **charge** for everything! I even had to pay a **fee** to use a toilet.

B I know. The traveling **expense** is crazy high!

A The bus **fares** were higher than I expected, and I even had to pay a **toll** to cross a bridge.

B Yeah, I remember I got a crazy expensive parking fine. It was almost 3,000 Euros.

A 유럽 여행은 비용이 정말 비싸. 모든 것에 요금이 있다니까! 화장실 사용하는 데도 요금을 내야 했어.
B 맞아. 여행 경비가 엄청 비싸더라고!
A 버스 요금도 생각했던 것보다 더 비쌌고, 심지어 다리 건너려고 통행료까지 내야 했어.
B 그러게 말이야. 나도 무지하게 비싼 주차 위반 벌금을 냈던 게 생각나네. 거의 3천 유로였어.

---

toilet: (유럽에서의) 화장실   **crazy**: 말도 안 되는   **fine**: 벌금

17

계획, 일정
plan vs. blueprint

MP3 095

헷갈리면 **plan**

plan
'계획, 일정'을 뜻하는 가장 일반적인 단어입니다. **plan**은 동사로 '계획하다'의 의미로 쓰이기도 합니다.

strategy
(목표 달성을 위한 구체적인)
계획 → 전략

program
(진행 순서, 방법 등에 대한)
계획, 일정 → 프로그램

blueprint
(건축 또는 일이 진행되기 전에
어떻게 설계해야 할지에 대한)
계획 → 청사진, 개요

scheme
1 (정교하게 고안된) 계획 → 안
2 (비밀리에 치밀하게 준비하는) 계획 → 음모, 책략
주의
schema 개요, 청사진 (= blueprint)

A Did you see the **blueprint** of the project we sent you? We already set up all the detailed **plans** for our project.

B Yes, I saw it. I think it fits our grandiose **scheme** for attracting tourists to the city. However, it kind of alters our financial **strategy**.

A No problem. We can change our tactics by changing our construction **program**.

A 저희가 보내드린 프로젝트 청사진 보셨어요? 저희는 이미 프로젝트에 대한 모든 세부적인 계획들을 준비해 놨습니다.

B 네, 봤어요. 그 청사진이 관광객들을 도시로 끌어들이기 위한 우리의 거창한 계획안에 적합하다고 생각해요. 하지만, 그렇게 하면 우리의 재정 전략이 약간 바뀌네요.

A 문제없습니다. 공사 진행 계획을 바꾸면서 작전을 바꿀 수 있습니다.

set up: 준비해 놓다 **fit**: 어울리다, 적합하다 **tactic**: 작전, 전술

문, 출입문
door vs. gate

헷갈리면 door

door
'출입하는 문'을 뜻하는 가장 일반적인 단어입니다.

gate
(외벽 또는 울타리와
이어져 있는)
대문

entrance
(들어오는)
문 → 입구

exit
(밖으로 나가는)
문 → 출구

gateway
1 (~로 이어져 있는) 관문
2 (큰 건물, 또는 공간에 들어가는) 입구

A Please always keep your ticket with you! You will need it to go through the **entrance** and on your way out of the **exit**. And please refrain from opening any **doors** in this historical site.

B Wow, I have never seen such woodwork and artwork on a **gate**.

A I'm glad you noticed it. This **gateway** is famous for its artistic qualities.

A 항상 표를 잘 가지고 다녀주세요! 입장하실 때와 퇴장하실 때 필요합니다. 그리고 이 유적지에서는 어떠한 문도 열지 말아 주세요.

B 와, 저는 대문에서 이런 목공예품과 예술 작품을 본 적이 없어요.

A 알아봐 주셔서 기쁘네요. 여기 관문이 뛰어난 예술성으로 유명합니다.

---

refrain: 삼가다   **historical site**: 유적지   **notice**: 알아보다

돈, 자금
money vs. fund

헷갈리면 money

money
가치가 있는 '화폐나 재산, 돈'을 뜻하는 가장 일반적인 단어입니다.

currency
(특정한 나라에서 유통하고
있는) 돈 → 통화, 화폐

finance
(개인, 기업 또는 국가의
관리 운영을 위해 준비하는)
돈 → 재정, 재원, 자금

fund
(특정한 목적을 위해서
준비하는)
돈 → 기금, 자금

funding
(특정한 목적에
활용하도록 제공하는)
돈
→ 조달 자금, 지원금, 융자

subsidy
(기업의 특정 사업
활성화를 위해 보조하는)
돈
→ 지원금,
보조금

grant
(정부 기관에서
교육, 연구 등의
활성화를 위해 보조하는)
돈
→ 지원금, 연구비

A I need to start managing my **finances**. I am low on **money** nowadays!

B Me too. The government's **subsidy** helped a little this year, but it's not enough for my business. I should have saved on some hard **currencies**.

A Life is hard for everyone right now. Maybe I should apply for a governmental **grant** for myself or start a private **fund** with my friends.

A 재정 관리를 시작해야겠어. 요즘 돈에 쪼들려!

B 나도 그래. 올해 정부 기업 보조금이 조금 도움이 됐지만 내 사업에는 역부족이야. 경화를 좀 저축했어야 했는데.

A 지금은 모든 사람이 살기 힘들지. 난 아무래도 정부 연구비를 지원하든가 아니면 친구들과 함께 민간 기금을 시작하든지 해야겠어.

---

hard currency: 달러처럼 국제적으로 널리 통용되는 통화

20

일, 작업
work vs. job

MP3 **098**

헷갈리면 work

work
무엇을 이루기 위해서 행하는 '일', 돈을 벌기 위한 '노동'을 뜻하는 가장 일반적인 단어입니다.

job
(의무나 책임이 따르는 특정한)
일 → 직업, 일거리

task
1 (주어진) 일 → 과업, 과제
2 (힘들고 하기 어려운) 일
보통 **job**보다 공을 많이 들여서 해야 하는 일을 뜻함.

mission
1 (다른 곳으로 파견되어 수행해야 하는)
  일 → 임무
2 (꼭 해야 한다고 느끼는)
  일 → 사명

labor
(육체적인 힘이나 노력이 필요한)
일 → 노동(력)

A I thought my **job** was to manage the staff, but this is hard **labor**!

B I know! I thought it was my **mission** to help new employees settle down.

A I guess we took our **task** lightly. It is much more **work** than expected.

A 나는 내 일이 직원 관리라고 생각했는데, 이건 아주 힘든 노동이야!

B 내 말이! 신입 직원들이 회사에 정착할 수 있게 도와주는 게 내 임무라고 생각했는데 말이야.

A 맡은 일을 우리가 가볍게 받아들였나 봐. 기대했던 것보다 일이 훨씬 많아.

settle down: 정착하다

155

길, 도로
way vs. street

MP3 099

헷갈리면 **way**

way
'길, 도로'를 뜻하는 가장 일반적인 단어입니다.

street
(집이나 건물이 있는 도시 내의) 도로 → 거리

avenue
(나무나 큰 건물들이 양쪽에 늘어서 있는 도시 내의 폭이 넓은 도로) → 대로, ~가

road
(차가 다니는) 길 → 도로, 차도

path
1 (사람들이 자주 지나다녀서 만들어진 작은) 길 → 오솔길 (= trail)
2 (사람이 가야 할) 길 → 계획

passage
두 곳을 연결해 주는 통로

aisle
(매장 내 선반 사이의 좁은) 통로

track
1 오솔길 (= path)
2 (기차의) 선로
3 경주로

route
(정해진 또는 따라가는) 길 → 노선, 경로

hallway
복도

A I never took this **route** on my **way** to the market. Are you sure you are on the right **track**?

B Yeah, it's fine. I accidentally went on this **passage** at the end of the narrow **path**, and it's actually faster than the broad **avenue** we usually take. There are also **trails** we can use for a stroll.

A Thanks a lot for the information! Let's not park across the **street** like last time, though.

B Sure. If you want to take a break while shopping, there is a bench in the **hallway** at the market. I will be in **aisle** 3 for some ramen.

A 난 마트 가는 길에 이 노선은 타 본 적이 없어. 바른 길로 가고 있는 게 확실해?

B 그래. 그렇다니까. 우연히 좁은 오솔길 끝에 있는 이 통로로 지나게 되었는데, 우리가 주로 타는 넓은 대로보다 실제로 더 빠르더라고. 산책로로 사용할 수 있는 길도 있고 말이야.

A 알려줘서 정말 고마워! 그래도 저번처럼 길 건너편에 주차하지는 말자.

B 물론이지. 쇼핑하면서 쉬고 싶으면 마트 복도에 벤치가 있어. 난 라면 사러 3번 통로에 있을게.

take: (자동차로 도로 등을) 타다   **accidentally**: 우연히   **stroll**: 산책

글, 작문
writing vs. composition

헷갈리면 **writing**

writing
글, 저술 등의 '글쓰기 결과물'과 집필, 작문 등의 '글쓰기와 관련된 일련의 행위'를 표현하는 가장 일반적인 단어입니다.

composition
작문, 작성법

essay
1 (학업 코스에서 특정 주제를 놓고 쓴) 과제물
2 수필

critique
비평한 글, 논평

paper
1 (papers로 쓰여서) 서류, 문서
2 논문
3 과제물, 시험지

A Did you read the **critique** from the professor on your **essay**?
B Yes, the professor made me want to burn all my **writings**.
A Maybe you should study **composition** like you always wanted.
B I want to, but I would need to prepare a lot of **papers** to submit to the university.

A 네 과제물 보고 교수님이 쓰신 논평 읽어 봤어?
B 응, 그 교수님 덕분에 내가 쓴 글들을 모두 태워 버리고 싶었잖아.
A 네가 늘 원했던 것처럼 작문 공부를 해 보는 게 어때.
B 그러고 싶지만, 지금은 대학에 제출할 많은 서류를 준비해야 할 것 같아.

즐거움의 한 축, 다양한 맛의 세계

우리나라 말처럼 맛을 형용하는 말들이 다양한 언어가 없다고 합니다. 한국어보다는 못하지만, 영어에도 맛을 나타내는 다양한 단어들이 있습니다. good, tasty, delicious 를 벗어나 좀 더 다채롭게 맛을 표현해 보세요.

taste
입안에서 느끼는 '음식의 맛'을 뜻합니다.

flavor
taste가 입안에서 느끼는 맛이라면 flavor는 미각뿐만 아니라 '냄새와 함께 어우러지는 맛, 풍미'를 뜻합니다. 그래서 입안에서 혀로 느끼는 단맛의 경우, sweet flavor보다 sweet taste가 더 자연스럽지만, 고소한 향도 맛 못지않게 중요한 버터 맛의 경우에는 butter taste보다 butter flavor가 더 자연스럽습니다.

다양한 맛의 종류들

단 sweet	감칠맛의 savory, umami	알싸한, 톡 쏘는 pungent, piquant
짠 salty	강렬한 strong, zesty	(화하게) 매운 hot
쓴 bitter	바삭바삭한 crispy, crunchy	역겨운 disgusting, gross
신, 시큼한 sour	순한 mild	담백한 clean, light
(오렌지처럼) 톡 쏘는 tangy	풍부한, 진한 rich	밍밍한, 싱거운 bland, flat
(양념 맛이 강해서) 매운 spicy	(견과류처럼) 고소한 nutty	시큼한 tart

'맛있는'의 여러 표현

구어체 표현	일반적인 표현	세밀한 표현	이디엄 표현
good	delicious	delectable 아주 맛있는	mouth-watering 군침이 돌게 하는
yummy (어린 아이들이 많이 사용)	tasty	appetizing 식욕을 돋우는	hit the spot 딱 좋은
	savory	palatable (격식) 맛 좋은	to die for 끝내주는
			out of this world 이 세상 맛이 아닌 것 같은

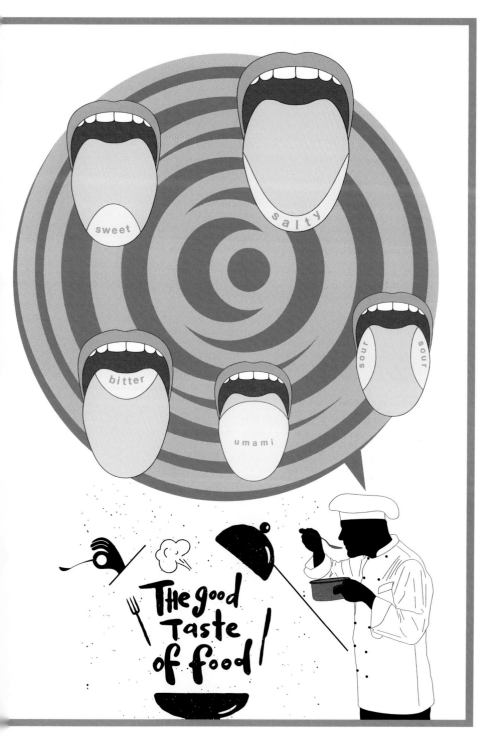

SECTION 3
형용사, 부사

1 친절한
kind vs. generous

헷갈리면 kind

---

kind
'친절한'을 뜻하는 가장 일반적인 단어입니다.

---

considerate / thoughtful
사려 깊은
considerate behavior 사려 깊은 행동

attentive
배려하는,
(잘 돌봐주고) 자상한
attentive audience
경청하는 청중

---

tender
다정한, 상냥한
tender-hearted 마음씨가 고운

generous
(이해의 폭이 넓고 친절하며)
너그러운, 관대한

A Hotel staff members need to be **tender** and **attentive**.

B I agree. Getting into conflict with the customers is not recommended.

A You don't have to be **generous** towards their faults. But being **considerate** is the important part of our job.

B I seldom hear that I am any sort of **tender** person, so I need to try my best.

A 호텔 직원들은 상냥하고 손님들을 배려하는 마음이 있어야 합니다.

B 맞는 말씀이십니다. 고객들과 갈등을 빚는 건 권하지 않죠.

A 고객의 결점을 너그럽게 봐줄 필요는 없어요. 하지만 사려 깊은 자세를 취하는 건 우리 일의 중요한 부분입니다.

B 저는 친절한 사람이라는 말을 좀처럼 듣지 않는데 그러니 최선을 다해야겠네요.

get into conflict with: ~와 충돌하다   **seldom**: 거의 ~ 안 하다

2

순한, 온화한
mild / gentle
vs. compliant

MP3 102

헷갈리면 **mild / gentle**

---

mild / gentle
'(사람의 성격이) 순한, 온화한'을 뜻하는 가장 일반적인 단어입니다. 동물의 성격이 온순한 것을 뜻할 때는 **mild-tempered**로 표현합니다.

---

meek
(강하게 자기 의견을 내세우거나 언쟁하지 않으며) 조용히 말을 잘 따르는 → 온순한
meek-eyed person 눈매가 순한 사람

compliant 격식
하라는 대로
지시를 잘 따르는
→ 순응하는

---

naïve / innocent
1 너무나 사람 말을 그대로 믿고, 좋은 의도로만 믿으려고 하는 → 순해 빠진, 숙맥 같은
2 (아이가) 천진난만한, 순수한

docile
(다루기 쉽게)
순한 → 고분고분한, 유순한
docile animal 순한 동물

A   Hmm... She seems like a **docile** child, maybe a little too **compliant** for a child.

B   I think it's because of her father. He likes his children to be **meek** and submissive. He is far from a **gentle** parent.

A   Really? I thought he had a **mild** personality.

B   Then you are too **naïve**. An **innocent** child is becoming a victim of bad parenting.

A   음... 저 여자애는 참 다루기 쉽고 순한 아이처럼 보이는데 아이치고 너무 하라는 대로 순종적인 것 같아.

B   내 생각엔 아버지 때문인 것 같아. 그는 자식들이 온순하고 순종적이기를 바라더라고. 온화한 부모와는 거리가 먼 듯해.

A   정말? 나는 그가 순한 성격이라고 생각했는데.

B   그렇다면 네가 너무 순진한 거지. 천진난만한 아이가 나쁜 양육의 희생양이 되고 있다고.

---

submissive: 순종적인   **victim**: 희생양

3

비열한, 야비한
mean vs. nasty

헷갈리면 **mean**

---

mean
형용사로 쓰여 '비열한, 야비한'을 뜻하는 가장 일반적인 단어입니다. 그렇기 때문에 **You are so mean!**이라고
하면 "너 너무 못됐고 야비해!"의 뜻이 되죠.

---

nasty
심술궂은, 성질이 더러운

cunning / crafty
교활한, 약삭빠른

sly
나쁜 행동으로 은밀하게 속이는
→ 음흉한, 교활한, 능글 맞은
sly politician 교활한 정치가

cowardly
겁이 많아서
위험이나 어려움을 회피하는
→ 비겁한

A That movie was interesting! But it's such a cliché that there is always one **cowardly** character that lives through the story.
B I know. There are also one **mean** college girl who dies, and some **crafty** geek characters as well.
A I'd be disappointed if there was no **sly** character who tries to sabotage an escape plan in a **nasty** way.
B It would take a lot of energy and a **cunning** scheme just to survive, right?!

A 영화는 재미있었어! 하지만 비겁한 캐릭터가 항상 끝까지 살아남는 건 진짜 상투적이야.
B 알아. 늘 죽는 못된 여대생도 있고, 약삭빠른 괴짜 캐릭터도 항상 있어.
A 비열한 방법으로 탈출 계획을 방해하려는 음흉한 캐릭터가 없다면 실망스러울 거야.
B 살아남기 위해서는 많은 에너지와 교활한 책략이 필요할 거야, 그렇지?

---

cliché: 상투적인 생각   **geek**: 괴짜   **sabotage**: 방해하다

| 참고 | **mean의 다양한 의미 정리**

1 의미하다, 뜻하다	3 (통계) 평균, 평균의
2 야비한	4 (-s를 붙인 means로 쓰여) 수단, 방법

164   CHAPTER 2   의미별 대표 단어와 연관 단어들의 디테일한 차이

4

굉장한, 엄청난
great vs. superb

헷갈리면 **great**

---

great
매우 좋거나 긍정적인 감정을 표현하는 '엄청난, 굉장한, 아주 훌륭한'을 뜻하는 가장 일반적인 단어입니다.

---

amazing
(감탄이 나오고 놀랄 정도로) 굉장한

fabulous (= fantastic, terrific, marvelous)
(기가 막힐 정도로) 굉장한

---

awesome / brilliant
1 어마어마한, 아주 훌륭한
2 비격식 대단한, 겁나게 좋은
(미국에서는 **awesome**을 선호하고, 영국에서는 **brilliant**를 선호함.)

superb
최고의, 최상의

A   What are your thoughts about this **fabulous** musical?

B   It was **brilliant**! All the actors were **awesome**, but I was especially blown away by the **amazing** voice of the lead character.

A   It was definitely a **superb** experience, right?

B   Sure. It was such a **great** experience.

A   이 기가 막힌 뮤지컬에 대해 어떻게 생각해?
B   정말 너무 훌륭했어! 모든 배우들이 다 어마어마하게 멋있었지만, 난 특히 주인공의 놀라운 목소리에 홀딱 반해 버렸다니까.
A   확실히 최고의 경험이었지?
B   당연하지. 아주 굉장한 경험이었어.

---

blow ~ away: ~를 뻥 가게 만들다

슬픈
sad vs. gloomy

MP3 **105**

헷갈리면 sad

---

sad
'슬픈'을 뜻하는 가장 일반적인 단어입니다.

---

gloomy
(상황이 절망적이라서)
슬픈, 우울한

depressed
(낙담하거나
희망을 잃어 기분이)
우울한,
활기를 잃은

blue
(**depressed**의 비격식 표현)
우울한

sorrowful 문어체
아주 슬퍼하는, 비탄에 잠긴

melancholy (sad의 격식 표현)
(이유 없이 오랫동안 지속되는)
구슬픈, 우울한

A   The death of our best friend puts us in a very **melancholy** and
     gloomy mood.
B   Being **sad** for a while will help with the pain but do not stay **blue** for
     too long.
A   Thank you but being in a **sorrowful** place now will be helpful for me.
B   I will be **depressed** for a while.

A   가장 친한 친구의 죽음에 정말 너무나 슬프고 우울합니다.
B   잠시 동안 슬퍼하는 것은 아픔에 도움이 되겠지만, 너무 오랫동안 우울해지는 마세요.
A   감사해요. 하지만 지금은 슬픔이 가득한 장소에 있는 것이 저한테 도움이 될 것 같아요.
B   저도 한동안은 우울할 것 같네요.

6

같은, 동일한
same vs. equal

same
비교 대상이 다르지 않고 '동일한, 같은'을 의미하는 가장 일반적인 단어입니다. **same**은 보통 '앞에 언급한 명사와 같은'을 의미하기 때문에 문장 내 대부분의 상황에서 **the same**으로 표기하는 것이 일반적입니다.

equal
(수, 양, 가치가)
동일한, 평등한

identical
(별개의 것들이 정확하게)
동일한, 똑같은

equivalent
(품질, 양, 가치, 목적 등이 거의 엇비슷하게)
같은, 상응하는

A   Hey, I think I have a similar bracelet. No, I think it is **identical**!

B   Cool! Its design is almost the **same**. I had a matching pair of earrings, but I think I lost them.

A   I bought mine in Korea for 5,000 won, which is **equivalent** to 4 USD.

B   I think my bracelet had an **equal** pricing.

A   야, 나도 비슷한 팔찌 있는 것 같아. 아니, 똑같은 것 같아!
B   멋진데! 디자인이 거의 같네. 나 여기에 어울리는 귀걸이도 있었는데 잃어버렸나 봐.
A   내 건 한국에서 5,000원에 샀어. 미국 달러로 4달러에 해당하는 금액이지.
B   내 팔찌도 같은 가격이었던 걸로 기억해.

분명한, 확실한
clear vs. obvious

헷갈리면 **clear**

clear
'분명한, 명확한, 확실한'을 나타내는 가장 일반적인 단어로, 누가 보기에도 의심할 여지없을 만큼 분명한 대상을
나타낼 때 씁니다.

obvious
(눈에 보이는, 누가 생각해도) 눈에 띄는, 확실한

evident 격식
(증거에 의해, 흔적에 의해)
명백한, 분명한

certain
(의심의 여지없이) 분명한, 확실한

A Are you close to Mr. Kim? I heard he has a **certain** notoriety as a liar.

B It's not **clear** what he did. But there are **obvious** victims in his
   department.

A Well, that is **evident** enough.

A 김 선생님과 친하세요? 그분이 거짓말쟁이라는 악명이 높다고 들었습니다.

B 그 사람이 무엇을 했는지 확실하지는 않아요. 하지만 그 사람 부서에 확실한 희생자들이 있어요.

A 음, 그렇다면 그걸로 충분히 명백하네요.

a certain notoriety of: ~라는 확실한 악명   **victim**: 희생자

공격적인, 저돌적인
aggressive vs. offensive

MP3 108

헷갈리면 **aggressive**

aggressive
'공격적인, 저돌적인'을 뜻하는 가장 일반적인 단어입니다.

offensive
1 (전투, 스포츠에서) 공격적인
2 (공격하여) 모욕을 주는, 불쾌한, 역겨운

violent
(극도로) 공격적인
→ 폭력적인, 폭력을 행사하는, 격렬한

hostile
(태도, 어투가) 공격적인
→ 적대적인

belligerent
1 격식 적대적인, 전투적인
2 격식 전쟁 중인, 교전 중인

A Did you watch the congressional discussion on the news last night? I felt like the host was a little **hostile**.

B I think the discussion itself was **aggressive**. The topics they talked about were so **offensive** and biased.

A And the congressman's **belligerent** speaking tone did not help.

B Didn't he make a **violent** scene last time? I guess it's his nature.

A 어젯밤 뉴스에서 국회의원 토론회 봤어? 사회자 태도가 좀 적대적이라는 느낌이 들더라.
B 토론 자체가 공격적이었던 것 같아. 이야기 주제들이 너무 공격적이라 불쾌하고 편파적이었어.
A 그리고 그 의원의 적대적인 말투도 도움이 되지 않았지.
B 그 사람, 지난번에 폭력적인 장면을 보여주지 않았나? 그 사람 천성이 그런 것 같다.

host: 진행자　**biased**: 편파적인　**nature**: 천성

필요한
necessary vs. essential

MP3 109

헷갈리면 **necessary**

---

necessary
'필요한'을 뜻하는 가장 일반적인 단어입니다.

---

desperate
1 뭔가가 몹시 필요한
2 필사적인

imperative 격식
(매우 중요해서 긴급하게)
반드시 해야 하는

essential
(본질적으로)
필요한 → 필수적인, 극히 중요한

indispensable
(너무 중요한 거라서 없으면
유지가 안 돼서)
반드시 필요한
→ 필요 불가결한, 없어서는 안 될

A   We have an urgent situation. I just got a call from our client saying that it is **imperative** to redo our project.

B   Oh my goodness. We are in a **desperate** situation. Experience is **essential** and previous members are **indispensable** for this project.

A   We don't have to change the project members. We only have to make the **necessary** changes to the project.

A   긴급 상황이 발생했어요. 방금 고객으로부터 우리 프로젝트를 다시 꼭 해야 한다는 전화를 받았어요.
B   맙소사. 우리가 지금 뭔가가 필요한 상황에 처했네요. 이 프로젝트에는 경험이 필수적이고, 이전 멤버들이 없으면 안 되거든요.
A   프로젝트 멤버를 바꿀 필요는 없어요. 우리가 그 프로젝트에 필요한 몇 가지 수정만 하면 돼요.

유명한, 알려져 있는
famous vs. popular

MP3 110

헷갈리면 famous

famous
fame(명성)에서 유래한 단어로, 좋은 의미로 '잘 알려져 있는, 유명한'을 뜻하는 가장 일반적인 단어입니다.

popular
(많은 사람들이 좋아하고 지지하는)
→ 인기 있는, 대중적인

well-known / noted
(많은 사람들에게)
알려져 있는

renowned
(특별한 능력, 업적 등으로 널리)
알려져 있는 → 명성이 높은

notorious
(좋지 않은 것으로)
유명한
→ 악명 높은

prestigious
(사회적으로 존경과 두터운
신망으로)
유명한 → 명망 있는

A Gangnam became **famous** because PSY's song became extremely **popular**. He is now one of the **noted** artists in the world.

B I know. Now Gangnam became one of the most **prestigious** districts in Korea.

A It is so **well-known** globally, it became **notorious** for having too many tourists.

B I guess being **renowned** could be problematic.

A 강남은 가수 싸이 노래가 선풍적인 인기를 끌어서 유명해졌어. 싸이는 이제 세계적으로 잘 알려진 아티스트 중 하나라니까.
B 알아. 이제 강남은 한국의 명망 있는 지역 중 하나가 되었다고.
A 세계적으로 너무나 잘 알려져서 관광객이 너무 많은 것으로 악명이 높아졌네.
B 명성이 높아지는 것도 문제가 되긴 하는 것 같다.

끔찍한, 지독한
terrible vs. disgusting

MP3 **111**

헷갈리면 terrible

terrible

매우 나쁘거나 싫거나 또는 불쾌한 감정을 표현하는 '끔찍한, 지독한'의 의미로 가장 일반적인 표현입니다. 동일한 표현인 **awful**과 **horrible**은 terrible과 뜻은 같지만, 비격식체 어감 때문에 주로 구어체 영어에서 많이 쓰입니다.

disgusting
(더럽거나 역겨워서)
끔찍한, 혐오스러운

harsh
(필요 이상으로 매우 심하게)
지독한, 가혹한, 냉혹한

gross
1 비격식 (매우 더럽게) 끔찍한, 역겨운
2 전체, 전체의

A   Wow, you look **terrible**. Did something awful happen yesterday?

B   It was a **harsh** night! My three-year-old daughter dove into the trash can and rolled in her **disgusting** diapers. I had to spend the whole night washing her and ventilating the house.

A   That is **gross**!

A   와, 너 정말 몰골이 말이 아니네. 어제 무슨 아주 안 좋은 일이라도 있었어?
B   정말 끔찍하고 가혹한 밤이었어! 세 살배기 우리 딸이 쓰레기통에 뛰어들더니 그 끔찍한 기저귀 안에서 굴러다녀서 밤새도록 애기 씻기고 집안을 환기시켜야 했어.
A   끔찍하네!

---

dive: 뛰어들다 (**dive-dove-dived/dive-dived-dived**)   **ventilate**: 환기시키다

12

깨끗한
clean vs. tidy

MP3 112

헷갈리면 clean

---

clean
더럽지 않아 '깨끗한, 청결한'을 의미하는 가장 일반적인 단어입니다.

---

tidy
(잘 정리돼 있어서) 깨끗한,
잘 정돈된, 단정한

neat
(물건들이 제자리에 있어)
깔끔한, 단정한

pure
(오염되지 않아)
깨끗한, 순수한

orderly
정돈된, 질서정연한

A My mother told me to keep my room **neat** and **clean**, but I am not sure what to do.

B I consider myself to be a purely **tidy** person, so I think I can give you a few tips.

A Thanks. What should I do first?

B First, I think you should put your closet in an **orderly** fashion.

A 엄마가 내 방을 깔끔하고 깨끗하게 유지하라고 하셨거든. 그런데 뭘 어떻게 해야 할지 모르겠어.

B 나 자신이야말로 순수할 정도로 단정한 사람이니 너에게 몇 가지 팁을 줄 수 있을 것 같아.

A 고마워. 내가 먼저 뭘 해야 할까?

B 먼저, 옷장을 질서정연하게 정리해야 할 것 같아.

---

fashion: 방식, 방법

13

더러운, 지저분한
dirty vs. filthy

헷갈리면 **dirty**

dirty
'더러운'을 표현하는 가장 일반적인 단어로, 지저분한 물체들이 묻어 깨끗하지 않은의 뜻을 나타냅니다. **dirty**는
이런 '더러운' 상태 외에 **the dirty person**처럼 사람에게 쓰면 '행동거지나 인성이 좋지 못한'의 뜻입니다.

filthy (= extremely dirty)
매우 심하게 더러운

messy
(전체적으로 정리가 안 돼)
더러워 보이는 → 너저분한, 널브러진

chaotic
(= extremely messy)
지나치게 너저분한, 난잡한

stained
얼룩투성이의

foul
(냄새가 심하게 나서)
더러운 → 악취가 나는

A Oh my goodness, what is this **foul** smell coming from the kitchen?
B I'm guessing the pizza from last month went bad.
A What is wrong with your carpet?! It's **stained** red!
B It's **stained** from the ramen I spilled yesterday.
A Why is your bathroom so **filthy**? I knew you were a little **messy**, but
this house is **chaotic**.

A 세상에, 부엌에서 나는 이 악취는 뭐니?
B 지난달에 먹은 피자가 상한 것 같아요.
A 카펫은 뭐가 잘못된 거니? 빨갛게 얼룩졌잖아!
B 어제 흘린 라면 때문에 얼룩졌네요.
A 화장실은 왜 이렇게 더럽니? 네가 정리도 잘 안 하고 지저분한 줄은 알았지만 이 집은 정말 지나치게
너저분하구나.

용감한, 용기 있는
brave vs. courageous

MP3 114

헷갈리면 brave

brave
힘들고 어려운 일을 두려워하지 않고 적극적으로 하려고 하는 '용감한'을 의미하는 가장 일반적인 단어입니다.

courageous
(어려운 난관을 굳건하게 버텨내는)
용감한, 용기 있는

bold / daring
(위험에 두려워하지 않고 거침없이)
용감한, 대담한, 당찬

fearless
(대단할 정도로) 용감한, 두려움 없는

A   Thank you for making a **bold** choice to adopt one of the puppies.
    Their mother died protecting the puppies from a bear.
B   Really? She was such a **fearless** and **brave** dog.
A   Their breed is known for being **courageous** hunters. All the pups
    have **daring** personalities.

A   강아지 중 한 마리를 입양하시겠다는 용감한 선택을 해 주셔서 고맙습니다. 어미 개는 곰한테서
    강아지들을 보호하다가 죽었거든요.
B   정말이요? 정말 겁이 없고 용감한 개였군요.
A   그 개들 품종이 용감한 사냥견으로 알려져 있거든요. 새끼들도 모두 대담한 성격을 가지고 있고요.

---

adopt: 입양하다   **breed**: 동물의 품종   **personality**: 성격, (사람에게는) 인격

15

위험한
dangerous vs. risky

MP3 115

헷갈리면 dangerous

dangerous
'위험한'을 표현하는 가장 일반적인 단어로, 해를 입힐 수 있는 '위험한' 사람이나 사물을 나타냅니다.

hazardous
건강이나 안전에
위해가 되는 → 유해한

toxic
(독성이 있어) 유해한

risky
위험이 예상되는

at risk /
in jeopardy /
in peril 격식
위태로운, 위기에 처한

at stake
stake는 화형대,
at stake는 화형대에 매달려
곧 불타 죽을 수 있는
→ 절체절명의 위기에 처한

A   Did you hear about what happened to Dr. Smith and his **dangerous** laboratory?

B   Yeah, I did. I heard he put the whole building **at stake**, but I'm not sure what he did.

A   I can't believe he put everyone in a **risky** situation by spilling a **hazardous** substance out of his lab. The air is so **toxic** that no one can even approach his lab anymore.

B   Because of this accident, I guess his job position is also **in jeopardy**.

A   스미스 박사님이랑 그분의 위험한 실험실에서 있었던 이야기 들었어?

B   응. 그분이 건물 전체를 아주 큰 위험에 빠트렸다고 들었는데, 뭘 하셨는지는 잘 몰라.

A   실험실 밖으로 유해 물질을 쏟아서 모든 사람들을 위험한 상황에 노출시키셨다니 믿기지가 않아. 공기가 독성이 너무 강해서 아무도 그의 실험실에 더 이상 접근 못 해.

B   이번 사고 때문에 그분 자리마저 위태로워지겠네.

짧은
short vs. brief

헷갈리면 short

short
길이, 거리, 키, 시간 등이 '짧은'을 의미하는 가장 일반적인 단어입니다.

brief
(글, 시간 등이)
짧은, 간결한

quick
(짧은 시간 안에 하는)
신속한, 재빠른

momentary
(매우 짧은 시간 동안
지속되는)
→
순간적인, 잠깐의

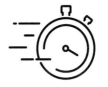

A I got into trouble because of a **momentary** lapse of concentration yesterday.

B What happened?

A I was taking the **short** route to my house when I wanted to make a **quick** bathroom stop at the gas station. However, I was in such a rush I peed in my pants a little.

B In **brief**, it was a disaster.

A 나 어제 순간적인 집중력 저하로 곤란하게 됐었어.
B 무슨 일이 생긴 건데?
A 지름길로 집에 가고 있는데 주유소에서 잠깐 화장실에 들르고 싶더라고. 그런데 너무 급해서 바지에 오줌을 살짝 지렸네.
B 짧게 말해서, 대참사였구먼.

---

lapse: 실수, 깜박함   **concentration**: 집중력   **pee**: 소변을 보다   **disaster**: 참사, 재난

넓은, 광범위한
wide vs. broad

헷갈리면 wide

wide
'(폭이) 넓은, 광범위한'을 의미하는 가장 일반적인 단어입니다. wide는 30 inch wide TV(30인치 TV)처럼
폭의 넓이를 숫자로 표현할 때 함께 쓰이기도 하며, 명사형은 '폭, 너비'를 의미하는 width입니다.

spacious / roomy
(좋은 의미로 공간이)
넓은, 널찍한

broad
(분야, 시야가) 넓은,
광범위한, 전반적인, 대체적인

vast
(어마어마하게) 넓은, 광활한, 방대한

A   This is a great apartment. It has a **wide** kitchen countertop and a
 spacious walk-in closet like you wanted.

B   Wow, the bathroom is **roomy** as well.

A   Yes. It also has a **broad** view of the Han River.

B   Great. I can even see the **vast** grassland next to the Han River.

A   여긴 정말 멋진 아파트입니다. 원하시는 넓은 주방 조리대와 널찍한 옷장을 갖추고 있죠.
B   와, 화장실도 넓네요.
A   네. 한강 뷰도 광범위하게 보입니다.
B   좋네요. 한강 옆에 있는 광활한 녹지대도 볼 수 있고요.

---

countertop: 부엌 조리대   **walk-in**: 사람이 서서 드나들 수 있는

18

단단한, 딱딱한
hard vs. firm

MP3 **118**

헷갈리면 hard

soft

hard

hard

물체가 쉽게 부서지거나 변형되지 않는 '딱딱한, 단단한'을 의미하는 가장 일반적인 단어입니다. hard는 또 사람이 어떤 일을 '열심히 하고 있는, 열심인'의 의미도 있으며, '어려운'(difficult)의 구어적 표현으로도 쓰입니다. hard의 이런 뜻을 이어받은 부사형 또한 hard이며, hardly는 '거의 ~하지 않다'의 뜻이니 사용에 주의해야 합니다.

I am working hard today. 저 오늘 열심히 일하고 있어요.
I hardly work at night. 전 밤에는 거의 일 안 해요.

---

firm

(아주 딱딱하지는 않지만 외부 힘에도
형체를 유지하는)
단단한, 굳은, 확고한

concrete

1 단단하게 구축된, 확고한, 구체적인
2 (건축 자재) 콘크리트

solid

1 (속이 꽉 차서) 단단한, 견고한
2 고체의, 고체

rigid

1 (구부러지거나 형체가 변하지 않아서) 단단한, 뻣뻣한
2 엄격한

A The architect has a **concrete** idea of designs and materials he wants to use.

B I think he should change his mind. The walls seem **rigid** but are unable to provide **firm** support for the shelves and **hard** floor.

A I think so too. We need more **solid** materials.

A 그 건축가는 디자인과 자신이 활용하고 싶은 재료에 대한 확고하고 구체적인 생각이 있습니다.
B 그가 마음을 바꿔야 할 것 같은데요. 벽이 단단해 보이지만 선반과 딱딱한 바닥을 단단하게 지지해 줄 수가 없어요.
A 저도 그건 그렇게 생각해요. 좀 더 속이 꽉 차고 단단한 성질의 물질이 필요하겠네요.

---

support: 지지   **shelf**: 선반 (복수형은 **shelves**)

아픈, 다친
sick vs. hurt

MP3 **119**

헷갈리면 **sick**

sick (= ill)

병에 걸리거나 면역 문제 등으로 전체적인 몸 상태가 안 좋을 때 쓰는 '아픈'의 가장 일반적인 표현입니다. 미국에서는 **sick**을 선호하지만, 영국에서는 주로 **ill**로 '아픈'을 표현하죠. 영국에서 **sick**은 '속이 메스꺼운', '토할 것 같은'의 의미로 쓰이기에, 영국에서 **I feel sick.**은 '아파요.'가 아닌 '토할 것 같아요'의 뜻이므로 주의해야 합니다.

hurt
(몸의 특정 부위가) 아픈, 다친, 아프다

aching
(몸의 특정 부위가 지속적으로 쑤시듯) 아픈, 쑤시는, 아린

injured
(운동 경기나 사고로) 다친, 부상을 입은

wounded 격식
(흉기로) 다친, 부상을 입은

A　I heard you got **injured** while going to class. Where did you get **hurt**?

B　I accidentally rolled down the stairs, and now I am **aching** all over.

A　I heard you were holding a sharp knife for your art class. I hope no one else was **wounded** while you were rolling down.

B　I dropped my knife, but fortunately no one was there.

A　Okay. Could you wait for me while I get the proper examination tools? Don't mind the girl on the bed. She is **sick** (美) / **ill** (英) with food poisoning.

B　Okay, no problem.

A　너 수업 가는 도중에 다쳤다고 들었어. 어디서 다친 거니?

B　실수로 계단을 굴러 내려갔고, 지금은 온몸이 쑤시고 아파요.

A　네가 미술 수업에서 쓸 날카로운 칼을 잡고 있었다고 하던데, 굴러 떨어졌을 때 아무도 다치지 않았어야 할 텐데

B　칼을 떨어뜨렸지만, 다행히 아무도 없었어요.

A　그래. 내가 검사 도구 준비하는 동안 기다려 주겠니? 침대에 누워 있는 여자애는 신경 쓰지 마. 식중독으로 아픈 거니까.

B　네, 알겠습니다.

---

mind: 신경 쓰다, 꺼려하다　　**food poisoning**: 식중독

다양한 종류의 부상, 상처, 증상

sore: 염증이 나거나 근육에 무리가 가서 아픈	**itchy**: 가려운
fever: 열, 열병	**blister**: 물집, 수포
sprain: 삐다, 접질리다	**swollen**: 부어 오른
rash: 발진	**scar**: 흉터
bruise: 멍, 멍이 생기다	**bump**: 타박상, 혹
scratch / abrasion: 찰과상	**burn**: 화상
cramp: 경련, 쥐	**nausea**: 메스꺼움, 토 쏠림
strain: 근육 등의 염좌	**dizzy**: 현기증 나는
catching: 비격식 전염되는	**infectious**: 전염되는
contagious: 접촉을 통해 전염되는	**condition**: (치유가 어려운) 만성 질환
cold: 감기	**flu**: 독감
acute: 급성의	**chronic**: 만성의
illness: 병	**damage**: 손상
ailment: 격식 가벼운 질병	**disease**: 심각한 질병
disorder: (신체 기능의) 장애	**impairment**: (눈, 귀 또는 뇌의) 장애

* 전염병의 진행 과정은 단계에 따라
outbreak(발병, 출현) − **epidemic**(유행병) − **endemic**(풍토병) − **pandemic**(전국적/전 세계적인 유행병)으로 표현할
수 있습니다.

| 참고 |
장애인은 **disabled person**이 일반적인 표현이며, 장애인을 표현할 때 **handicapped**라고 하는 건 비하의 의도가 있는
것으로 보기 때문에 사용하지 않는 게 바람직합니다. 또, 상대방을 배려하는 격식 있는 영어에서는 장애, 질병보다 사람을
우선으로 표기하여 장애인을 **person with a disability**로, 당뇨병 환자를 **patient with diabetes**처럼 표기하는 것을
점점 더 권장하고 있습니다.

빠른
fast vs. quick

MP3 120

헷갈리면 fast

fast
'빠른'을 뜻하는 가장 일반적인 단어입니다. 부사로 '빠르게'의 뜻도 있는데, **fastly**로 잘못 표기하는 경우가 많으니 주의해야 합니다.

rapid 격식
(성장, 발전, 활동, 회복 등 속도가)
빠른

quick
(동작, 행동이 짧은 시간 안에) 굉장히 빠르게 이루어지는
→ 신속한, 빠르게 진행되는

swift / speedy 격식
(일, 진행, 움직임을)
빠르게 잘 하는, 날쌘, 신속한

agile
빠르고 영리하게 움직이는
→ 민첩한, 재빠른, 날렵한

express
1 빠르게 운송하는
→ 급행의
2 빠르게 보내는
→ 속달의

A   If you wish for a **fast** payment, you can use self-checkout which is quite **speedy**. Or you can wait in lane 3, where the cashier has **agile** hands.

B   I just need a **quick** package service.

A   I can help you with a **swift** service here. We have two ways in which you can send your packages, the **rapid** option takes 3-4 days and the **express** option takes 1-2 days faster.

A   빠른 결제를 원하시면 신속 셀프 체크아웃 기계를 이용하실 수 있습니다. 아니면 손 빠른 계산원이 있는 3번 레인에서 기다리셔도 됩니다.

B   저는 퀵 배송 서비스만 이용하면 되는데요.

A   여기서 신속한 서비스로 도와드리겠습니다. 두 가지 빙법으로 소포를 발송할 수 있는데요, 빠른 배송 옵션은 3~4일, 급행 옵션은 그보다 1~2일 더 빨리 갑니다.

보통의, 일반적인
normal vs. ordinary

MP3 **121**

헷갈리면 **normal**

---

normal / general

'보통의, 일반적인'을 뜻하는 가장 대표적인 단어입니다. 쓰임새의 차이가 있는데, 보통 **normal**은 이상한 부분 없이 바른 상태인 '정상적인'을 뜻하며, **general**은 전체적으로 두루 걸쳐 있는 '전반적인'의 의미로 쓰입니다.

---

ordinary
(튀는 부분 없이)
보통의
→ 평범한

average
(중간 값을 나타내는)
보통의
→ 평균의, 평범한

standard
(기준점이 되는)
보통의
→ 표준의, 기준이 되는

usual
일상적으로 일어나는
→ 평소의, 일상의

regular
1 (크기, 규모가) 보통의
 → 표준적인, 평균적인
2 (흐름, 패턴이) 일반적인
 → 규칙적인, 정기적인

A As **usual**, I don't know what is in style for **general** wedding dresses nowadays.

B The trend does not matter. The **average** brides prefer an A-line dress while other brides go for a **standard** mermaid dress with a **regular** neckline. But everything is up to you.

A That is just too **normal** for me. I am looking for something out of the **ordinary**.

A 늘 그렇듯, 요즘 전반적인 웨딩드레스는 어떤 게 유행인지 모르겠어요.
B 트렌드는 중요하지 않아요. 일반적인 보통 신부들은 A라인 드레스를 선호하고, 다른 신부들은 목선이 일반적인 스탠다드한 인어 드레스를 선호합니다. 하지만 모든 건 손님께 달려 있지요.
A 그건 저한테 너무 평범해요. 전 보통 것 말고 색다른 것을 찾고 있거든요.

---

in style: 유행하는   **matter**: 중요하다   **go for**: ~을 좋아하다   **the ordinary**: 평범한 것

22

이상한
strange vs. weird

헷갈리면 **strange**

---

strange
'(통념과 많이 다르거나 일반적이지 않아서) 낯선, 이상한'을 뜻하는 가장 일반적인 단어입니다.

---

weird 비격식
(정상적인 것과 다른)
이상한, 기묘한

abnormal
(안 좋은 느낌으로)
일반적이고 평균적인 것과
다른

peculiar
(기분 나쁘게)
이상한 → 기이한

---

odd / queer
비정상적이며 불안정해
보이는 → 괴상한, 괴팍한

mysterious
상식적으로 설명이 안 될
정도로 이상한 →
불가사의한, 신비로운

bizarre / grotesque
말로 표현할 수
없을 정도로 이상하고
비정상적인 →
기괴한, 엽기적인

A   The weather radar is showing **abnormal** signs. Something is **strange**.

B   What kind of **odd** signs is it showing?

A   It's so **weird**! The data is off the charts. Last time this happened,
a **queer** purple rain poured down and **grotesque** sightings of insects
occurred.

B   That surely is **bizarre**. There are always **mysterious** things that
happen in this world.

A   기상 관측 레이다가 이상 징후를 보이고 있어. 뭔가 이상해.
B   어떤 이상한 징조를 보이고 있는데?
A   정말 이상해! 데이터가 차트 범위를 벗어나 있어. 지난번에 이런 일이 일어났을 때, 괴상한 보라색 비가
쏟아졌고 곤충들의 기괴한 모습들이 목격됐어.
B   확실히 기괴하고 엽기적인데. 세상엔 불가사의한 일들이 항상 생기는 법이긴 하지.

---

off the charts: 정상 수치보다 높은

특별한
special vs. particular

헷갈리면 special

---

special
평범하거나 일반적이지 않은 '(아주 좋은 의미로의) 특별한'을 뜻하는 가장 일반적인 단어입니다.

---

particular
1 특별히 정해 놓은 → 특정한
2 확실하게 다른 것들과 차이 나는
  → 특색 있는

peculiar
1 고유한
2 (부정적인 의미로)
  특이한, 희한한

specific
특별한 한 가지 대상에
국한된 → 특정의, 한정된

unique
전체 종류에서
오직 하나뿐이어서
특별한
→ 독특한, 유일무이한

distinctive
다른 것들과
확연히 구분되는
→ 차별화된, 특유의

extraordinary
1 보통을 넘어서서 놀랄 정도로 색다른
2 능력이 예사롭지 않고
  매우 특별하거나 뛰어난
  → 비범한, 대단한

A   You should get excited for your **special** birthday. I have prepared a lot of **unique** activities for you!

B   Mother, not again! I hope this is not a **peculiar** party because my friends still make fun of me for the **extraordinary** birthday party last year.

A   Don't worry too much. I gave **specific** instructions to the **particular** bakery to make your vegan cake. It is going to have the **distinctive** flavor you like.

A   특별한 생일 맞을 생각에 들떠 있어라. 너를 위해 독특한 활동을 많이 준비했으니까!
B   엄마, 더는 안 돼요! 이번 파티는 너무 특이하지 않으면 좋겠어요. 제 친구들이 작년의 그 너무나도 색달랐던 생일 파티 때문에 아직도 절 놀려댄난 말이에요.
A   너무 걱정하지 마. 이 엄마가 특별히 정한 빵집에다 너를 위한 채식 케이크를 만들어 달라고 구체적인 지시를 내렸어. 네가 좋아하는 그 특유의 맛이 날 거야.

---

make fun of ~: ~를 놀리다   **instruction**: 지시   **flavor**: 맛

진짜의, 실제의
real vs. actual

MP3 **124**

헷갈리면 **real**

---

real
'있는 그대로의, 실제와 같은, 진짜의'를 뜻하는 가장 일반적인 단어입니다.

---

true
거짓 없는 사실을 기반으로 한
→ 진실의, 사실의

genuine
1 가짜가 아닌
  → 진짜의
2 있는 그대로 꾸미지 않은
  → 진심 어린

authentic
정품임을 검증 받은, 진짜가 확실한
→ 진품의

actual
정확한 사실을 기반으로 한
→ 실제 있는, 사실상의

| 주 의 |

우리가 정품인지 문의할 때 자주 쓰는 **original**은 복사본이 아닌 '원본의, 원래의, 기존의'라는 뜻으로, 정품은 **genuine product** 또는 **authentic product**가 더 자연스럽습니다.

A   I would like to find out if my engagement ring is a **genuine** diamond. My fiancé is my **true** love, but I would like to know if he lied.

B   No problem! I can tell you that the ring is **real** gold. However, the ornament is not an **authentic** diamond. What were his **actual** words?

A   Nothing important. He is dead to me now.

A   제 약혼반지가 진짜 다이아몬드인지 알고 싶어요. 제 약혼자가 저의 진정한 사랑이기는 하지만 그가 거짓말을 했는지 알고 싶거든요.

B   문제없습니다. 반지는 진짜 금이지만 장식은 진품 다이아몬드가 아닙니다. 약혼자 분이 실제로 뭐라고 하셨나요?

A   중요한 말은 없었어요. 그는 이제 나에게 없는 사람이에요.

격식 없는, 평상시의, 일상적인
informal vs. natural

헷갈리면 informal

informal
'격식에 얽매이지 않는, 편안한, 평상시 대로의, 일상적인'을 뜻하는 가장 일반적인 단어입니다. 반의어는 in을 뗀 **formal**로 '격식 있는'의 뜻입니다.

unofficial
비공식적인, 공인되지 않은 ↔ **official** 공식적인

natural
1 (꾸미지 않고) 자연스러운, 일상 그대로의
2 자연의

casual
1 평상시 대로의,
  일상에서 일어나는
2 우연한

A   Did you read about the **informal** event in the company announcement email?

B   I heard it is **unofficial** and not business-related. But I really don't want to go even if it's a **casual** gathering.

A   I think it's a **natural** instinct not to join any company events.

B   Tell me about it.

A   회사 공지 이메일에 있는 비격식 행사에 대해 읽었어요?

B   그 행사가 비공식적이고 사업과는 관련이 없다고 들었어요. 하지만 일상적인 가벼운 모임이라고 해도 정말 가고 싶지 않네요.

A   회사 관련 행사는 참여하기 싫은 것이 자연스러운 본능인 것 같아요.

B   제 말이 그 말입니다.

26

비어 있는, 빈
empty vs. vacant

헷갈리면 empty

empty
'빈, 비어 있는'을 의미하는 가장 일반적인 표현입니다.

vacant
(집, 방, 건물 등이 공간을 차지하거나 사용하는 사람이 없어서) 비어 있는

hollow
(속이) 비어 있는, 움푹 팬

bare
1 (방, 찬장 등 수납공간이) 비어 있는
2 노출되어 있는, 벌거벗은

blank
(기록한 내용이 없어서)
비어 있는, 공백의

A This apartment is currently **vacant** and under renovation, but I think it perfectly matches your taste.

B Yes, I can see it's **empty**. But there is a **hollow** space in the bathroom!

A That space is where the shower booth will be installed after the construction. This cabinet is also **bare** now, but we can put some bath supplies for you if you sign a contract to rent this apartment today.

B Sounds good. How much is the monthly rent?

A Let's see. Oh, the payment information is currently **blank**. I will check it right away.

A 이 아파트는 현재 공실이고 보수 공사 중이지만, 손님 취향에 딱 맞을 것 같은데요.
B 네, 아파트가 비어 있는 게 보이네요. 하지만 욕실에 텅 빈 공간이 있네요!
A 저 공간은 공사 후에 샤워 부스가 설치될 곳이에요. 이 캐비닛도 현재는 비어 있지만 오늘 이 아파트 임대차 계약을 진행하시면 저희가 목욕용품을 채워 드릴게요.
B 좋은데요, 한 달 월세가 어떻게 되죠?
A 어디 보자. 이런, 금액 내용이 현재 비어 있네요. 딩징 확인해 볼게요.

match: 어울리다, 맞다　sign a contract: 계약서에 서명하다

동료와 관련된 뉘앙스 파헤치기

직장을 다니는 이들에게 동료는 어쩌면 가족보다도 더 많은 시간을 함께 보내는 사람들일 수
있습니다. 이렇게 가깝다면 가까운 '동료'를 표현하는 단어들이 영어에는 참 많습니다.
이번 기회에 확실히 알아두세요.

co-worker
같은 직장에서 함께 일하는 '직장 동료'를 뜻합니다.

colleague
직장뿐 아니라 같은 직종에서 일하고 있는 '더 넓은 의미의 동료'를 뜻합니다.

associate
직장 동료, 사업 파트너, 가족 등 삶에서 많은 시간을 함께 보내는 사람을 뜻하는
colleague보다 더 넓은 의미의 '동반자'를 뜻합니다.

fellow
특이하게도 비격식 회화체로 쓰이면 '친구'의 뜻인 fella와 동일한 '녀석'과 비슷한
의미이며, 남자 성별의 친구를 편하게 부르는 말입니다. 복수형인 fellows 형태로
쓰이면 격식 있는 어투의 '동료, 동년배'를 뜻하는 단어가 되지요.

peer
'비슷한 나이, 직위, 능력을 지닌 동료'들을 의미합니다. 연관된 단어인 peer review는
학교에서는 다른 급우가 과제를 평가하는 경우에 쓰이고, 연구 분야에서는
동료 교수가 논문 심사에 관여하는 것을 의미하며, 비즈니스에서는 비슷한 사업을
하는 협력사들이 상호 점검을 하는 것을 뜻하기도 합니다.

날씨를 표현하는 단어들

날씨는 어디서든 가장 많이 즐겨 하는 대화 주제입니다. 날씨는 영어로 weather이며
일기예보는 weather forecast라고 합니다. climate는 특정 지역의 평균적인 날씨,
즉 '기후'를 말하며 humidity는 '습도'를 뜻합니다.
온도는 temperature이고 온도를 측정하는 온도계는 thermometer입니다.
온도의 도는 degree로 표현해서, '체온이 36.5도다'는 My body temperature is 36.5
degrees.가 되겠죠.
우리나라는 물이 얼기 시작하는 온도 0도, 끓는 온도 100도를 기준으로 하는 Celsius
또는 Centigrade(섭씨온도 측정법)을 사용하지만, 미국은 물이 어는 지점이 32도,
끓는점이 212도를 기준으로 하는 Fahrenheit(화씨온도 측정법)을 사용합니다.

날씨가 얼마나 좋거나 덥고 추운지를 나타내는 다양한 표현들

freezing, frigid	cold	chilly	cool	mild	warm	hot	sweltering	sizzling, scorching
매우 추운	추운	쌀쌀한	시원한	온화한	따뜻한	더운	무더운	매우 더운

fine / fair
좋은

기타 날씨 관련 표현

sunny	cloudy	windy	rainy
화창한	흐린	바람이 많이 부는	비가 오는
foggy	shower	humid	snow
안개 낀	소나기	습한	눈
thunder	storm	lightening	nasty
천둥	폭풍	번개	궂은
genial	crisp	changeable	gloomy
화창한	산뜻한	변덕스러운	우울한

CHAPTER 3

원어민만 아는
미묘한 뉘앙스 차이

1

주장하다, 단언하다
assert vs. claim

MP3 **127**

헷갈리면 **assert**

---

assert
비교적 격식을 갖춘 표현으로 생각하는 바를 단호하게 표현하는 '주장하다, 단언하다'를 뜻하는 가장 일반적인 단어입니다.

---

claim
1 (아직 밝혀지지 않는 것을 사실이라고) 주장하다
2 (권리를) 주장하다 → 요구하다, 요청하다

insist / maintain
(상대방의 반대를 무릅쓰고 자신의 생각을 아주 강력하게) 주장하다 → 우기다

argue
1 (반박하고 따지듯이) 주장하다 → 언쟁하다, 논쟁하다
2 (논리적으로) 주장하다 → 논증하다

allege 격식
(근거 없이 잘못 되었다고) 주장하다 → 혐의를 주장하다

A Why do you **insist** on denying your crime? There is no point in **arguing**.

B I will continue to **assert** my position.

A First, you **claimed** that you were with your friends, and then **alleged** that one of your friends committed the crime. But everything turned out to be proven false by the surveillance cameras.

B Damn it! There is truly no point in **arguing**.

A 왜 자꾸 범행을 부정하면서 우기는 거죠? 논쟁하는 게 의미가 없습니다.
B 저는 계속해서 제 입장을 주장할 것입니다.
A 먼저, 당신은 친구들과 함께 있었다고 주장했고, 그러고 나서 당신 친구 중 한 명이 범죄를 저질렀다고 혐의를 주장했어요. 그러나 이 모든 주장은 CCTV에 의해 거짓임이 명백히 드러났어요.
B 젠장! 따지는 게 진짜 아무 의미도 없잖아!

---

deny: 부정하다　**commit a crime**: 범죄를 저지르다　**turn out**: ～인 게 밝혀지다
surveillance camera: CCTV

2

설득하다
persuade vs. convince

MP3 128

헷갈리면 persuade

---

persuade
'설득하다'를 뜻하는 가장 일반적인 단어입니다.

---

convince
(확실한 사실이라고)
설득하다,
확신시키다,
납득시키다

assure
(걱정하지 않도록 자신 있게)
장담하다, 확언하다, 보장하다

urge
(어떤 특정한 일을 하도록)
설득하다, 강력하게 권고하다

---

induce
1 유도하여 ~하게 하다, ~로 이끌다
2 상황이 발생하게 하다

entice
(뭔가 좋은 걸 주면서 하라고)
꾀다, 유인하다, ~하도록 유도하다

A I **urge** you to **convince** Luke not to buy that house.
B I am trying to **persuade** him not to.
A Why don't you **entice** Luke with a beautiful rental home?
B I **assure** you I am trying to **induce** him to rent.

A 루크가 그 집 사지 않게 설득시키라고 나 분명히 너한테 권고한다.
B 걔가 그러지 않게 나도 설득하고 있어.
A 루크에게 예쁜 임대 주택을 구해 보라고 꾀어 보는 게 어때?
B 내가 너한테 장담하는데, 나도 루크가 임대를 하도록 유도하는 중이야.

과장하다
exaggerate vs. overstate

MP3 129

헷갈리면 **exaggerate**

exaggerate
실제보다 더 크게, 더 중요하게, 더 좋거나 나쁘게 하는 '과장하다'를 뜻하는 가장 일반적인 단어입니다.

overstate 격식
(실제보다 더 중요하고 심각하게 보이게 설명하여)
과장하다

enlarge
(몸집, 부피 등이 크게 보이도록)
부풀리다, 확대하다

embellish
(뭔가를 더해서 예뻐 보이도록)
치장하다, 과장해서 꾸미다
embellish the fact
사실을 윤색하다

overestimate
(실제보다 더 좋거나 중요한 것으로
판단하여) 과대평가하다
overestimate one's ability
능력을 과대평가하다

A We should stop **overstating** and try to find a mid-point.
   Exaggerating facts would just keep us astray.
B I agree. **Enlarging** assumptions would only keep us away from
   reaching our common goal.
A Then, we should not **embellish** our accomplishments and we
   should focus on the numbers. Look at this data, I can ensure that the
   numbers are not **overestimated**.

A 과장은 이제 그만하고 중간 지점을 찾아봅시다. 사실을 과장하는 건 우리를 잘못된 길로 가게 할
   뿐이라고요.
B 동의합니다. 실제보다 부풀려진 추측성 내용들은 우리의 공동 목적을 달성하는 데 방해만 될 겁니다.
A 그러니, 우리가 이뤄 온 성과를 과장하여 꾸미지 말고 수치에만 집중하자고요. 이 데이터를 보시면
   이 수치들은 과대평가되어 있지 않다고 확신할 수 있습니다.

mid-point: 합의점   **keep someone astray**: ~를 잘못된 길로 가게 하다   **assumption**: 추측

4

버릇, 습관
habit vs. custom

헷갈리면 habit

---

habit
'버릇, 습관'을 뜻하는 가장 일반적인 단어로, 오랜 시간에 걸쳐 몸에 배어 익숙해진 행동을 표현할 때 쓰입니다.

---

tendency
1 (좋지 않거나 염려되는 부정적인)
  습관이나 성격 → 기질, 성향, 경향
2 동향, 추세(= trend)

obsession
(특정 대상에 지나치게
열중하는)
습관
→ 집착,
강박 관념

fixation
(생각을 끊을 수 없을 만큼)
지나친 습관
→ 집착

---

addiction
(집착을 넘어서 없으면 못 살
정도로 고칠 수 없는) 습관 → 중독

custom habit의 격식 또는 문어체 표현
(과거부터 오랜 시간 이어져 온 습관)
→ 관습, 풍습

A My son developed a **fixation** of washing his hands too much when
   he was young. And now, he turned into a germophobe with
   a cleaning **obsession**.

B My daughter has an issue too! Her **tendency** to eat dessert before
   meal gave her a sugar **addiction**, and now she is overweight.

A We should have tried to prevent their bad **habits** when they were young.

B There is a **custom** that you can break such habits by burying
   obsessed-with stuff in the ground.

A We'd better try that right away.

A 우리 아들은 어렸을 때 손을 너무 많이 씻는 집착이 생겼어요. 그리고 지금은 청소 강박 관념에 사로잡혀
   청결 강박증 환자로 변했답니다.

B 제 딸도 문제가 있어요! 식사 전에 디저트를 먹는 성향이 설탕 중독으로 바뀌었고,
   지금은 과체중이 되었어요.

A 애들 어렸을 때 나쁜 버릇이 들지 못하게 막아야 했는데 말이죠.

B 집착하는 물건을 땅에 파묻어 버려서 그런 나쁜 버릇을 고치는 관습이 있더라고요.

A 그거라도 당장 해보는 게 좋을 것 같은데요.

---

germophobe: 청결 강박증 환자   **should have + p. p.**: ~했어야 했는데 (못해서 아쉽다)

헷갈리면 **characteristic**

characteristic
대상을 특정한 유형으로 규정 짓는 '종합적인 성격, 기질'을 뜻하는 가장 일반적인 단어입니다.

trait 격식
(성격이나 행동적인 부분의) 특성

character
(다른 것과 구분되게 하고 특정한
성격을 만드는 각각의) 특징, 성격

nature
(근본적인, 타고난)
특성 → 본성, 본질

temperament
(감정적이고 정서적인) 특징 → 기질
fragile temperament
여린 기질

personality
(행동거지, 감정, 생각하는 바가
바로 드러나는)
인격, 됨됨이, 개성

A What do you think about the new employee in the office? It seems like she has an interesting **temperament**.

B Yeah. I admire her **character**. I think it's her **nature** to entertain and make others laugh.

A I hope her positive **characteristics** don't clash with her superior who has a strong **personality**.

B I think her positive **personality traits** would solve such conflicts.

A 사무실에 새로 들어온 신입사원, 어떻게 생각하세요? 그 사람, 재미있는 기질이 있는 것 같아요.

B 맞아요. 나는 그녀 성격이 참 좋더라고요. 다른 사람들을 즐겁게 하고 웃게 하는 게 그녀의 본성인 것 같아요.

A 그녀의 긍정적인 성격이 개성 강한 상사와 충돌하지 않으면 좋겠어요.

B 그녀의 긍정적인 됨됨이 특성 때문에 그러한 충돌도 해결할 수 있을 거라고 봐요.

---

clash with: (물리적, 정서적으로) 충돌하다   **superior**: 상사   **conflict**: 갈등, 충돌

6

능력, 재능
ability vs. capability

MP3 **132**

헷갈리면 **ability**

---

ability
'능력, 재능'을 뜻하는 가장 일반적인 단어입니다.

---

capability / competence
(역할을 수행해 낼 수 있는)
능력 → 역량

talent
(노력해서 얻어지는) 재능, 재주
talent spotter 연예, 스포츠계에서 재능 있는 신인을
발굴하는 사람

---

gift
(선천적으로 타고난) 재능
artistic gift 예술적 재능

proficiency
(지속적인 노력을 통해서 얻어진 전문적인)
능력 → 숙달, 능숙
English proficiency 영어 능력

A   I think it's too hard to get a job these days. I was having an interview
    with an accounting firm and they asked me if I had any musical
    ability!

B   Why would you need such a **talent** for that job position? Isn't it
    natural to think that one would just need professional **competence**?

A   It's a little different these days. One must have **proficiency** in multiple
    languages and a **gift** to adapt to any situation as well.

B   That is beyond anyone's **capability**!

A   요즘 취직하기가 너무 힘든 것 같아. 회계 회사 인터뷰 보는데 나한테 음악적 재능이 있는지 물어봤다니까!
B   그 직업에 그런 재능이 왜 필요해? 그냥 전문적인 역량을 필요로 할 거라고 생각하는 게 당연하지 않나?
A   그게 요즘은 조금 다르더라고. 여러 언어에 능통해야 하고 어떤 상황에도 적응할 수 있는 타고난 재능이
    있어야 해.
B   그것은 모두의 능력 밖이야!

---

accounting firm: 회계 회사   **multiple**: 다수의   **adapt**: 적응하다

199

연구, 조사
research vs. study

헷갈리면 research

research
근본, 원리, 새로운 사실 등을 알아내기 위해 과학적이고 학술적인 방법으로 진행하는 '연구, 조사'를 뜻하는 가장 일반적인 단어입니다. **research**는 미국에서는 불가산 명사로 **a** 또는 복수 표현 없이 **research**로 표기하지만, 영국에서는 **researches**처럼 복수로 표기하니 주의해야 합니다.

study
1 (하나의 주제, 문제를 상세하게 살핀) 연구
2 (불가산 명사) 자료를 통한 연구, 학문

analysis
(더 세세히 알아내기 위해 조직화된 방식으로 한) 연구, 분석

investigation
(사실을 밝히기 위한) 조사, 수사

A How is your **investigation** going?

B I still have a lot of **research** to do, but **analysis** on the data is going well.

A You are working on a rare **study**, so good luck to you!

A 조사는 어떻게 되어 가나?

B 아직 해야 할 연구가 많이 있기는 하지만, 데이터 분석 연구는 잘 되고 있어요.

A 희귀한 연구를 하고 있으니 행운을 빈다!

| 참고 | **가산/불가산 명사 비교**

다음은 단어 앞에 **a**를 쓸 수 없는 집합적 의미인 불가산 명사와 대상의 실체가 명확해야 하는 가산 명사의 쌍입니다.

advice 조언, 충고 **a suggestion** 제안	**baggage / luggage** 짐 꾸러미 **a bag, a suitcase** 짐 가방	**behavior** 행실, 행동거지 **an action** 행동, 행위	**progress** 진전, 진척 **an advance** 전진, 발전, 선금
chaos 혼돈, 혼란 **a mess** 난장판	**damage** 손상, 피해 **a loss** 손실(액) **an impairment** 장애	**information** 정보 **data** 데이터, 자료 (**a datum**의 복수형)	**work** 일, 업무, 직장 **a job** 직장, 일자리, 할 일
news 뉴스, 소식 **a report** 보고서 **an event** 행사 **an announcement** 발표	**scenery** 경치, 풍경 **a view** 경관, 전망	**permission** 허락, 허가 **a permit** 허가증 **a license** 자격증 **permissions** 승인	
research 연구 **a study** 특정한 연구	**travel** 여행 **a trip** 짧은 여행 **travels** 장거리 여행	**luck** 운, 행운 **a fortune** 행운, 큰 재산	

8

행위, 행동
action vs. behavior

MP3 **134**

헷갈리면 action

action
어떠한 과정이 진행되는 데 있어서 행하는 '행동, 행위'를 뜻하는 가장 일반적인 단어입니다.

behavior
(대인관계에서 보이는)
행동, 행실, 행동거지

conduct 격식
(특정한 장소나 상황에서의)
행동 방식, 처신, 행동하다, 처신하다
irrational conduct 어리석은 행동

performance
공연 행위, 수행(력), 실적

deed
(옳고 그름에 관련된) 행동, 품행
good deed 선행

A   Your **behavior** has been strange these days.

B   I'm not the only one with weird **conduct**. Same goes to you as well.
You said you believe me but your **actions** said you are doubtful.

A   Enough of the **performance**. I saw you with your so-called-friend at
the café and I never said a word about it.

B   Gosh! I was only listening to her concerns and helping her to do a
good **deed**!

A   당신 요즘 행동거지가 좀 수상해.

B   나만 이상하게 행동하는 거 아니잖아. 당신도 똑같아. 나 믿는다고 말하면서 당신 하는 것 보면 못 믿고
있는 걸 뭐.

A   연극처럼 구는 건 이제 그만해. 당신이 소위 '친구'라는 그 사람이랑 카페에 있는 모습도 봤는데.
난 그거에 대해서는 아무 말도 안 했어.

B   참 내! 저는 그저 선행으로 친구 걱정거리를 들어주고 도와준 것뿐이라고!

Same goes to you.: 너도 마찬가지야.   **concern**: 걱정

책임, 의무
responsibility vs. duty

MP3 135

헷갈리면 **responsibility**

---

responsibility
주어진 일을 잘 수행해야 할 '의무, 책임'을 뜻하는 가장 일반적인 단어입니다.

---

duty
(도덕적으로 혹은 직무상
당연히 해야 할)
의무

obligation
(법, 약속 등을 통해서 강제적으로 지켜야 할
개인적인)
의무

---

job
(직업상 지켜야 할)
책임 → 직무, 책무

liability
(법적인)
책임

commitment
(약속한 일에 대한)
책임, 책임감

Father   Son, we have a **responsibility** as parents, and it is our **job** to keep you on the right path.

Mother   We have a **liability** to take care of you until you become an adult. And you have a **duty** as a student as well. Your **obligation** is to stay focused on schoolwork and show respect to the teachers.

Son   I am sorry for my lack of **commitment** as a student.

아빠   아들아, 우리는 부모로서 책임이 있고 너를 올바른 길로 계속 인도하는 것이 우리의 일이다.

엄마   우리는 네가 성인이 될 때까지 너를 돌봐야 할 법적인 책임이 있어. 그리고 너도 학생으로서 해야 할 의무가 있고. 너의 의무는 학업에 집중하고 선생님들을 존중하는 거야.

아들   학생으로서 책임감이 부족해 죄송합니다.

---

keep someone on the right path: ~를 올바른 길로 인도하다   **stay focused on**: ~에 집중하다

상황, 환경, 입장
situation vs. circumstance

헷갈리면 situation

situation
어떤 것이 발생하는 '상황'을 뜻하는 가장 일반적인 단어입니다.

circumstance
(일, 사건들과 관련된 주변의)
상황, 정황

due to circumstances
부득이 하게도, 피치 못할 사정으로

condition
(사람 혹은 사물이 처해 있는) 특정한
상황, 상태

mint condition 새것 같은 상태

position
(특정 주제에 대한) 입장, 처지

uncomfortable position 불편한 입장

environment
1 (개인이 생활하거나 일하는) 환경
2 자연 환경

office environment 사무 환경

A　This **situation** will be putting me in a bad **position**.
B　Well, under these **circumstances** there is nothing I can do.
A　Could you change the **environment** to help me?
B　Okay, let's see if we can help with your **condition**.

A　이 상황 때문에 제가 곤란한 처지에 놓일 겁니다.
B　음, 지금 정황상 제가 할 수 있는 게 아무것도 없네요.
A　혹시 저에게 도움이 될 수 있게 환경을 바꿔 주실 수 있으세요?
B　알겠어요. 지금 그쪽이 처해 있는 상황을 우리가 도와줄 수 있는지 좀 알아보죠.

---

put someone in a bad position: ~를 난처한 처지에 놓이게 하다

헷갈리면 expert

expert / specialist

'전문가'를 뜻하는 가장 일반적인 단어입니다. 주로 **expert**가 더 넓은 의미로 특정 분야의 지식, 기술, 경험이 많은 사람을 의미하며, **specialist**는 특히 전문적인 기술이 필요한 일에 종사하는 사람을 뜻합니다. **specialist**가 의학 분야에서는 '전문의'의 뜻으로도 쓰입니다.

professional

전문직 종사자, 프로 선수

* 비격식체 문장에서
줄여서 **pro**로 많이 쓰임.

master

(오랜 기간 숙달된) 전문가
→ 달인,
명수, 고수

artisan / craftsman

(손재주가 뛰어난)
전문가
→ 장인, 기능장, 공예 전문가

maestro

(예술 분야의 최고)
전문가 → 거장, 최고 지휘자

guru

(특정 분야의 리더로 알려진)
전문가 → 권위자

A   It's so nice to meet everyone at the reunion! I always wondered what you all have become. I became a **master craftsman** for carpentry. What about you?

B   I became a stylist. I was picked as a style **guru** of the year in the magazine!

C   Wow, that's amazing! I used to work as a sport broadcasting **professional**, but now I work as a physical therapy **specialist**.

B   You must be an **expert** on human anatomy. By the way, does anybody know where Bob is? He did not come today.

A   Didn't you hear? He is now a huge business tycoon exporting **artisan** furniture. I bet he is busy managing his company.

C   Good for him! I also heard Jane became the youngest female **maestro** in Russia.

A   동창회에서 모두 만나서 참 좋다! 너희는 어떻게 됐는지 항상 궁금했거든. 난 목공예 장인이 되었어. 너흰?

B   나는 스타일리스트가 되었어. 잡지에서 올해의 의상 스타일 권위자로 뽑혔지!

C   와, 정말 대단하다! 난 스포츠 방송 전문가로 일했지만 지금은 물리치료 전문가로 활동하고 있어.

B   너 인체 해부학 전문가겠구나. 그런데, 밥 어디 있는지 아는 사람 있어? 오늘 안 왔더라고.

A   못 들었어? 걔 이제 명인 가구를 수출하는 비즈니스계의 거물이야. 아마 회사 경영 때문에 바쁠 걸.

C   잘됐다! 그리고 나 제인이 러시아에서 최연소 여성 최고 지휘자가 되었다고도 들었어.

---

reunion: 동창회   **physical therapy:** 물리치료   **tycoon:** 거물

중요한
important vs. crucial

MP3 138

헷갈리면 important

important
'중요한'을 뜻하는 가장 일반적인 단어입니다.

crucial
(앞으로의 상황, 운명을 완전히 바꿀 정도로)
매우 중요한, 결정적인
crucial moment 결정적인 순간

critical
(앞으로의 상황에 영향을 미치는)
아주 중요한, 중대한 (critical 〈 crucial)
critical fault 중대한 과오

vital
(성공하거나 무언가가 계속 존재하기 위해서)
무척이나 중요한, 필수적인
vital information 필수 정보

significant
(다른 결과나 변화를 이끌어 낼 정도로)
중요한, 유의미한
significant discovery 중대한 발견

A This is such a **crucial** time for you to decide on your career path.

B I know it's **important**. But it's just too hard for me to make this **critical** decision alone.

A We are here for you. But first, it's **vital** to share your goals and interests with us so that we can support you.

B I've been worried so much and it's a relief to share my concerns during this **significant** stage. Thank you.

A 지금이 네가 진로를 결정할 아주 중요한 시기야.
B 중요하다는 건 알고 있어요. 하지만 저 혼자서는 이 중대한 결정을 내리기가 너무 힘들어요.
A 우린 늘 네 편이야. 하지만 먼저, 너를 도울 수 있게 네 목표와 관심사를 우리와 공유하는 것이 필수란다.
B 그동안 걱정 많았는데, 이 중요한 시기에 걱정을 나눌 수 있게 돼서 다행이에요. 감사합니다.

---

career path: 직업 진로　　**concern**: 관심사, 걱정

항상, 늘, 언제나
always vs. all the time

MP3 **139**

헷갈리면 **always**

24/7

---

always
'지속적으로, 늘 그래 왔듯이, 항상'을 뜻하는 가장 일반적인 단어입니다.

---

all the time
내내, 줄곧, 아주 자주
(항상 구문 마지막에 나옴.)

every time
매번 ~할 때마다 항상
(뒤에 '주어 + 동사' 구문이 나와야 함.)

---

regularly
정기적으로, 규칙적으로
exercise regularly 규칙적으로 운동하다

constantly
끊임없이, 꾸준히
constantly evolving 끊임없이 진화하는

A   How are you happy **all the time**? You are laughing and smiling **every time** I look at you.

B   I guess I am **always** happy because my mind and body is healthy.

A   Really?

B   Yup. I exercise **regularly** and **constantly** meditate whenever I have a chance.

A   너는 어쩜 늘 그렇게 행복하니? 내가 널 볼 때마다 항상 넌 웃고 있어.
B   마음과 몸이 건강하니까 항상 행복한 것 같아.
A   진짜?
B   응. 난 규칙적으로 운동하고 기회가 있을 때마다 끊임없이 명상을 하거든.

갑작스러운, 급작스러운
sudden vs. unexpected

MP3 140

헷갈리면 sudden

sudden
전혀 예상치 못한 일이 순식간에 일어났을 때 쓰는 '갑작스러운, 급작스러운'을 뜻하는 가장 일반적인 단어입니다.

unexpected
예기치 않은,
(놀람의 감정을 담아) 뜻밖의

unexpected result
기대치 않은 결과

abrupt
1 (바라지 않던 일이) 너무나 갑작스럽게 일어난, 돌연한
2 (말할 때) 불퉁거리고 퉁명스러운

abrupt ending
갑작스런 결말

in a hurry
(갑자기)
급하게 하는, 서두르는

out of the blue
/ out of nowhere
전혀 예상치 못하고 갑자기 일어난, 뜬금없는

A   I was sorry for the **abrupt** ending of the meeting yesterday.

B   You were **in a hurry** to leave the room so fast.

A   Yes, I got an **unexpected** call from my kid's school. **Out of nowhere** he got into trouble.

B   Oh, now your **sudden** excuse for leaving makes sense. Don't worry about it.

A   Thank you so much for understanding.

A   어제 미팅을 돌연 끝내서 죄송했어요.
B   매우 빠르게 갑자기 급히 방을 나가시더라고요.
A   네, 제 아이 학교에서 뜻밖의 전화를 받았어요. 저희 아이가 생각지도 못한 문제에 처했다고 말이죠.
B   아, 이제야 갑작스럽게 자리 비우시겠다고 한 게 이해가 가네요. 걱정하지 마세요.
A   이해해 주셔서 감사합니다.

나중에, 그 후에
later vs. afterwards

MP3 **141**

헷갈리면 later

---

later
'나중에, 그 후에'를 뜻하는 가장 일반적인 단어입니다.

---

afterwards
(특정한 일, 사건이 일어난)
그 후에 → 이후에

thereafter 격식 (= afterwards)
(특정한 일, 사건이 일어난) 그 후에 → 이후에

---

after
(주로 특정 시점 앞에 쓰여서) ~ 후에

subsequently 격식
그 뒤에

A   Why don't we go to the food court and have something **later**, maybe **after** buying some earrings? I am low on sugar.

B   Okay, let's go buy it now and eat **afterwards**. By the way, do you remember when I bought some socks which turned out to be men's? A more bizarre incident happened **subsequently**, I bought men's underwear instead of women's shorts!

A   You eventually got a boyfriend, so everything turned out good.

A   나중에 푸드코트에 가서 뭐 좀 먹지 않을래? 귀걸이 사고 나서 말이야. 나 당 떨어졌어.

B   알았어. 지금 사러 가고 그 다음에 먹자. 그건 그렇고, 내가 사고 보니까 남자 양말이었던 것 기억나? 그 뒤에도 더 기이한 사건이 일어났는데, 여자 반바지 대신 남자 속옷을 산 것 있지!

A   결국 남자 친구가 생겼으니까 모든 게 잘됐네.

---

be low on sugar: 당이 떨어지다   **turn out**: ~로 판명나다   **incident**: 사건, 사고
shorts: 반바지

계속되는, 연속적인
continuous vs. infinite

MP3 142

헷갈리면 continuous

continuous

continuous는 '계속되는, 연속적인'을 뜻하는 가장 일반적인 단어입니다. 이와 비슷한 것으로 continual이 있는데요, continual은 '계속되는, 연속적인'의 뜻뿐만 아니라 비격식 표현에서 '(부정적인 의미로) 여러 번 반복되는, 거듭된'을 뜻하기도 합니다.

continual complaints 거듭되는 항의

---

constant
(일이나 상태가 항상 변함없이)
계속되는 → 끊임없는, 지속되는

consistent
(행동, 태도가 변함없이)
계속되는 → 일관된, 한결같은

steady
(진행 발전 속도가 일정하게)
계속되는 → 꾸준한

---

eternal
(영원히) 계속되는 → 영원한, 영속적인

infinite
(한정이 없이) 계속되는 → 무한한

A Your **consistent** love makes you the **constant** factor in my life. I am glad that our **continuous** efforts gave me an **eternal** life with you.

B We have been on a **steady** relationship for a long time. I wish to spend my life in **infinite** patience and love by your side.

A 당신의 한결같은 사랑 때문에 당신은 내 인생의 지속적인 요소랍니다. 우리의 계속되는 노력이 당신과 함께하는 영원한 삶으로 나서서 기뻐요.

B 우리가 오랫동안 꾸준히 관계를 발전시키고 사귀어 왔잖아요. 당신 곁에서 무한한 인내와 사랑으로 내 인생을 보내고 싶습니다.

---

factor: 요소

정확한
exact vs. precise

MP3 143

헷갈리면 **exact**

---

exact

완전히 일치하는 것을 강조하는 '정확한'의 가장 일반적인 표현입니다. 항상 명사 앞에 놓여 수식어로 쓰이며,
be동사 뒤에서 **exact** 자체로만 보어로 쓰는 것은 안 되니 주의해야 합니다.

He gave me exact information. **(O)** 그는 내게 정확한 정보를 주었다.
The information is exact. **(X)** 정보가 정확하다.

---

precise
(한 치의 오차도 없이)
정확한, 정밀한

accurate
(주의 깊게 또는 노력을 통해서 만들어진)
정확한

spot-on
완전히 정확한, 딱 들어맞는

A   This house needs to be exactly what our client requested down to
the **precise** details. You also need to keep **accurate** records for the
accountant.

B   No problem. Could you email me the **spot-on** instruction, please?
Particularly, I need to check the **exact** date of completion.

A   이 집은 정확한 세부 사항까지 의뢰인이 요청한 대로 정확하게 해드려야 합니다. 회계사에게 줄 정확한
기록도 보관하고 계셔야 하고요.

B   문제없습니다. 제게 완전히 정확한 지시 사항을 이메일로 보내주시겠어요? 특히, 정확한 완료 일자를
확인해야겠어요.

18

날카로운, 예리한
sharp vs. keen

MP3 144

헷갈리면 sharp

---

sharp

'(도구가) 날카로운' 또는 '(판단력이) 예리한'을 뜻하는 일반적인 표현입니다.

---

keen

(감각 또는 판단력이)
날카로운, 예리한, 예민한

(이 뜻일 때는 명사 앞에서만 쓰임.)

acute

1 (감각 또는 판단력이)
날카로운, 예리한, 예민한(= keen)

2 격렬한, 극심한

3 (질병이) 급성인 ↔ chronic (질병이) 만성인

A I heard about your crazy adventure on arresting the perp with the **sharp** weapon!

B I got lucky.

A Don't say that! It was all because of your **acute** senses and **keen** eyes.

B Thank you for saying that.

A 날카로운 무기 소지 범인을 체포한 당신의 그 무모한 모험 이야기 들었어요!
B 운이 좋았던 거죠.
A 그런 말 하지 마세요! 모두 당신의 날카로운 감각과 예리한 눈 때문이었던 거죠.
B 그렇게 말해 줘서 고마워요.

---

arrest: 체포하다 **perp**: 범인

거짓의, 가짜의
false vs. fake

MP3 **145**

헷갈리면 **false**

---

false
진실이 아닌 '거짓의, 가짜의'를 뜻하는 가장 일반적인 단어입니다.

---

fake / imitated
(진짜처럼 보이게 만든) 가짜의 → 모조의, 위조의
fake wall 가벽
imitated item 모조품

artificial / faux
(실물과 유사하게 인위적으로 만든) 인조의
artificial grass 인조 잔디
faux fur 인조 모피

mock
1 (진짜인 것처럼 의도된)
   거짓의 → 가장의, 위장된
2 모의고사
mock interview 모의 인터뷰

A My goodness, did you buy your **faux** fur coat at the flea market? This **artificial** fur feels nice.

B Yes, I only bought a coat there, but it seemed to be a **fake** item. Because I've seen the same design at the XYZ brand shop. This coat looks like an **imitated** coat of that brand.

A I heard that the flea market designers copied most of their coats.

B Seriously? I hope there is no **false** information in your words. I guess they are nothing but a **mock** fashion brand.

A 세상에, 너 벼룩시장에서 인조 털 코트 샀니? 이 인조 털, 느낌이 좋다.
B 응, 나 거기서 코트 한 장만 샀는데, 왠지 가짜인 것 같아. 내가 XYZ 브랜드 숍에서 똑같은 디자인을 본 적이 있거든. 이 코트가 그 브랜드 코트를 위조한 것 같아.
A 벼룩시장에서 활동하는 디자이너들이 대부분의 코트를 베꼈다고 듣기는 했어.
B 진짜로? 네 말에 거짓 정보가 없겠지. 그러면 그것들은 그냥 모조 패션 브랜드인 것뿐이잖아.

---

flea market: 벼룩시장   **nothing but**: 단지 ~인

자연의, 자연스러운
natural vs. pure

MP3 **146**

헷갈리면 **natural**

natural
있는 그대로의 상태를 의미하는 '자연의' 또는 '인위적이지 않고 자연스러운'을 뜻하는 가장 일반적인 단어입니다.

pure
(다른 것이 섞이지 않은)
자연 그대로의 순수한, 깨끗한

raw
(익히지 않은)
있는 그대로의, 날것의, 가공하지 않은

organic
1 (화학 비료를 쓰지 않고 있는 그대로인) 유기농의
2 격식 서서히 생기는, 자연스러운

innate
(인위적이지 않고 자연스럽게)
타고난, 선천적인

A I am trying to eat more **organic** products and stay **naturally** healthy.

B Really? Humans have an **innate** nature to cook food, but I heard occasionally eating **raw** helps boost immune system.

A I agree. There are a lot of **pure** vegans in my native country who are famous for their longevity.

A 유기농 제품을 더 많이 먹고 자연스럽게 건강해지려고 노력하고 있어.

B 그래? 우리 인간한테는 음식을 요리하려는 타고난 천성이 있는데 말이야. 그렇지만, 가끔 생식을 하면 면역력을 높이는 데 도움이 된다고 들었어.

A 맞아. 내 모국에도 장수로 유명한 순수 채식주의자들이 많아.

---

vegan: 일체의 동물성을 배제한 엄격한 채식 식단을 실천하는 채식주의자   **longevity**: 장수

친구와 관련된 단어 뉘앙스

친구는 우리말에서도 벗, 절친, 말동무, 동료, 베프(가장 친한 친구 best friend의 줄임말) 등 다양하게 표현하고 있죠. 특히나 영어에서는 다양한 단어들로 친구를 표현합니다. 지금부터 확인해 볼까요?

friend
우리가 알고 있는 '친구'를 영어로 표현할 때 쓰는 가장 일반적인 단어입니다. 보통은 good friend(좋은 친구), bad friend(나쁜 친구), false friend(가짜 친구)처럼 friend 앞에 형용사를 붙여서 어떤 친구인지 자세한 설명을 할 수 있습니다. 이러한 형태의 표현으로 fair-weather friend가 있는데, 자기가 필요하거나 자기 좋을 때만 친구가 되는 '이기적인 사람'을 뜻합니다.

pal
예전에는 서로 편지로 연락을 주고받는 pen pal(펜팔 친구)처럼 '가까운 친구'를 나타낼 때 많이 사용하였으나, 현재는 많이 쓰이지 않는 예스러운 영어 표현입니다.

buddy
주로 미국에서 많이 쓰고, '가까운 친구'를 부를 때 쓰는 회화체 표현으로, 줄여서 bud로 쓰기도 합니다.

mate
주로 '영국과 호주에서 가까운 친구'를 뜻할 때 많이 쓰입니다. mate는 미국에서 mate 단어 자체보다는 playmate(소꿉친구), classmate(반 친구), roommate(룸메이트), teammate(팀원)처럼 그 앞에 다른 단어를 붙여서 많이 쓰입니다.

man / fam / bro / sis
buddy, mate와 같은 의미의 가까운 친구에게 쓰는 표현으로, man은 주로 남자가 같은 성별의 친구를 편하게 부르는 단어입니다. bro, sis, fam은 각각 brother(형제)와 sister(자매), family(가족)의 줄임말로 '피를 나눈 가족같이 친하게 지내는 절친'을 부를 때 쓰는 회화체 표현입니다.

dude / dawg

dude와 dawg는 우리말로 하면 '녀석, 인마' 같은 어감의 단어로 '매우 가깝고 격의 없이 지내는 친구' 사이에서 쓰는 비속어입니다. 많이 친하지 않은 상대나 나이 차이가 많이 나는 연장자에게 dude, dawg로 부를 경우에는 상대방이 불편해할 수도 있으니 주의해야 합니다.

fella / homie

fella는 주로 남자 성별의 친구를 편하게 부르는 '녀석'과 비슷한 어투의 회화체 단어입니다. homie는 벌거벗고 놀아도 전혀 창피하지 않던 어린 시절부터 오랜 시간을 함께 알고 허물 없이 지내는 '매우 가까운 친구'를 부를 때 쓰는 회화체 표현입니다.

bestie / BFF

bestie와 BFF는 우리말 '베프'처럼 어린 세대들이 많이 쓰는 '가장 친한 친구'를 뜻하는 신조어입니다. BFF는 Best Friends Forever의 줄임말로, 주로 젊은 층에서 채팅 용어로 많이 쓰며 '영원한 베프'를 뜻합니다.

companion / company

companion과 company 둘 다 '빵(pan)'을 함께(com) 나누어 먹는 사람'에서 유래된 단어입니다. 그만큼 살면서 서로 의지하며 지내는 '동행자, 동료' 개념의 친구로 쓰이는 단어들입니다.

alumni / acquaintance

alumni는 미국에서 주로 사용하는 단어로 '동창생, 졸업생(graduate)'을 뜻합니다. acquaintance는 친구라기보다는 '알고 지내는 사람, 지인'을 뜻하는 단어입니다.

CHAPTER 4

비격식체와 격식체의
그 오묘한 뉘앙스

1 거짓말, 거짓말하다

MP3 **147**

헷갈리면 lie

lie는 '**거짓말, 거짓말하다**'를 뜻하는 가장 일반적인 단어입니다. lie는 또 다른 의미로 '누워 있다, 눕다, 놓여 있다'로 쓰이기 때문에 주의해야 합니다. lie의 분사형은 lying으로 표기하여 '거짓말하는'을 뜻하며, 이렇게 거짓말을 하는 '거짓말쟁이'는 liar라고 합니다.

거짓말이 무조건 나쁜 것만은 아니죠. 어떤 일을 좋게 만들기 위해서 하는 선의의 거짓말은 white lie라고 하고, 나쁘게 만들기 위해서 하는 악의적인 거짓말은 black lie로 표현합니다.

비격식

bullshit / horseshit 〈 **fib / hot air** 〈 **lie**(일반적 의미)

bullshit / horseshit

bullshit과 horseshit은 '거짓말'을 뜻하는 속어로, 우리말 '**헛소리, 구라**'와 같은 부정적인 어감의 단어입니다. 또 Bullshit!처럼 말하면 Shit!과 같은 의미로 '빌어먹을', '제기랄'을 뜻하는 감탄사로도 쓰이기 때문에 특히 사용에 주의해야 합니다.

fib / hot air

fib: '사소한 거짓말, 사소한 거짓말을 하다'를 뜻하는 속어로 우리말로는 '**뻥, 뻥치다**'와 유사한 표현입니다.

hot air: '진정성 없이 과장됨, 허영뿐인 것'을 뜻하는 속어로 우리말로는 '**허풍**'과 유사합니다.

격식

lie(일반적인 의미) 〈 **fabrication** 〈 **untruth / falsehood**

fabrication

fabrication은 거짓으로 꾸며내 만들어진 것을 뜻하며, 우리말로는 '**날조된 거짓말, 위조, 조작**'과 유사한 표현입니다.

untruth / falsehood

untruth와 falsehood는 lie(거짓말)라는 단어를 직접적으로 쓰기 불편할 때 대체해서 쓰는 표현으로, lie를 좀 더 격식 있게 표현한 말입니다. 우리말로는 '**거짓됨, 허위**'와 유사한 표현입니다.

A I had a lovely date with David yesterday.
B Listening to your **horseshit** is very tiresome.
A I am not **bullshitting** you!
B Come on, do not **fib**! Don't you get tired of your own **lies**? David hung out with me yesterday! You are full of **hot air**.

A 나 어제 데이비드랑 멋진 데이트 했어.
B 네 헛소리 듣는 것도 참 지겹다.
A 헛소리하는 거 아냐!
B 야, 뻥 좀 치지 마! 너는 네 거짓말에 질리지도 않니? 데이비드 어제 나랑 놀았거든! 이 허풍쟁이야!

---

hang out with: ~와 어울려 놀다

A Did you hear about Kate's **lie** about dating David?
B Yes! I heard her story was a complete **fabrication** from start to finish.
A David was appalled by the **untruth** yesterday.
B Kate seemed to have mythomania by adding some **falsehood** to her stories.

A 케이트가 데이비드랑 사귄다고 거짓말한 거 들었어요?
B 네! 케이트 이야기가 처음부터 끝까지 완전히 날조된 것이라고 들었어요.
A 데이비드가 어제 그 거짓말에 완전히 경악했죠.
B 케이트가 자기 이야기할 때 거짓말을 섞는 것을 보면 아무래도 허언증이 있는 것 같네요.

---

from start to finish: 처음부터 끝까지   appall: 경악하게 하다, 질리게 하다
mythomania: 허언증(엉뚱한 공상을 현실이라고 믿으며 헛된 말을 하는 정신질환)

어려운, 힘든

MP3 **148**

헷갈리면 difficult

difficult: '어려운'을 뜻하는 가장 일반적인 단어입니다.

비격식

ball-buster 〈 trificult 〈 hard / tough / rough 〈 difficult(일반적 의미)

ball-buster

ball-buster는 extremely difficult job(매우 어렵고 힘든 일)을 의미하는 비속어 표현으로 사용에 주의해야 합니다.

trificult

trificult는 tri-(세 배) + difficult를 합성한 신조어로, **'매우 어려운, 해내기 매우 어려운'** 것을 표현할 때 쓰입니다. 젊은 세대들이 자주 사용하는 속어 표현입니다.

hard / tough / rough

hard와 tough 그리고 rough는 구어체에서 가장 많이 쓰이는 **'어렵고 힘든'**을 표현하는 단어들입니다.

격식

difficult(일반적인 의미) 〈 arduous / strenuous 〈 challenging / demanding

arduous / strenuous

arduous와 strenuous는 어렵고 힘들며 많은 노력이 필요한 일에 쓰이며, 우리말로는 **'고된, 몹시 힘든'**과 유사한 표현입니다.

challenging / demanding

challenging과 demanding은 **'큰 부담이 따르는 힘든'** 일을 표현할 때 쓰입니다.

A The exam Ms. Kim gave us is a **ball-buster**! I don't understand how she thinks we can solve these **hard** questions. Even her pop quizzes are **rough**.

B I'm glad it's not just me. The homework is beyond **tough**, it's **trificult**!

A 김 선생님이 우리한테 낸 시험은 완전 고문이야! 어떻게 우리가 이 어려운 문제들을 풀 수 있다고 생각하시는지 이해할 수가 없어. 심지어는 쪽지 시험 조차도 무척 어렵더라고.

B 나만 그런 게 아니라서 다행이야. 숙제가 어려운 난이도를 넘어서 너~~~~무 어려워!

A Ms. Kim's exam was the most **challenging** one I've ever experienced.

B I know! Her lessons are already **demanding** enough to me.
It's physically **strenuous** to take her online lectures after having an **arduous** day.

A Augh, I think I need a private tutor to go through this **difficult** class.

A 김 선생님 시험은 지금까지 내가 경험한 것 중 가장 어려운 거였어요.

B 그러게요! 선생님 수업 자체가 이미 저한테 충분히 부담이 되고 있는데 말이죠.
힘들고 고된 하루를 마치고 그분 온라인 강의를 듣는 것은 체력적으로 몹시 힘들어요.

A 에휴, 이 어려운 수업을 들으려면 전 개인 과외가 필요할 것 같네요.

---

take online lectures: 온라인 강의를 듣다   **private tutor**: 개인 과외 선생
go through: 끝까지 해내다

쉬운

MP3 **149**

헷갈리면 easy

easy: '쉬운'을 뜻하는 가장 일반적인 표현입니다.

비격식

cakewalk / a piece of cake / easy-peasy〈 trouble-free / easy(일반적인 표현)

cakewalk / a piece of cake / easy-peasy

cakewalk, a piece of cake, easy-peasy 모두 아무 것도 아닌 쉽고 간단한 일을 뜻하는 속어 표현으로, 우리말로는 '**껌이다(쉽다), 식은 죽 먹기**'와 유사한 의미입니다.

trouble-free

trouble-free는 '**처리하기 용이한, 쉬운**'을 뜻하는 easy와 유사한 일반적인 표현입니다.

격식

easy / simple / straightforward(일반적인 표현) 〈 effortless / unchallenging

simple / straightforward

simple과 straightforward 역시 easy와 같은 의미로 쓰여서 '**복잡하지 않고 간단한, 쉬운**'을 뜻합니다.

effortless / unchallenging

effortless와 unchallenging은 easy보다 좀 더 격식 있는 표현으로 '**힘이 들지 않는, 수월한**'을 뜻합니다.

A   Wow, studying in the library seems to be paying off. Last week's math quiz was a **cakewalk**! The questions were **easy** to understand and writing down the solving process was **trouble-free**.

B   You must have studied hard to feel like the questions were **easy-peasy**. Didn't you tell me you have a science quiz tomorrow?

A   Yes, I do. And this quiz is going to be **a piece of cake** as well.

A   와, 도서관에서 공부하는 게 성과를 내는 것 같아. 지난주 수학 퀴즈는 완전 껌이었다니깐! 문제들이 이해하기 쉬웠고, 풀이 과정을 적는 것도 문제없었어.

B   문제가 쉬웠다고 느낄 정도로 정말 열심히 공부했나 본데. 너 내일 과학 퀴즈 있다고 하지 않았어?

A   응, 맞아. 이번 퀴즈도 식은 죽 먹기일 거야.

---

pay off: 효과가 나다, 성과가 나다   **solving process**: 풀이 과정

A   Consistent studying in the library gave me a great result. The math quiz that I took last week was **effortless** and **easy**.

B   You said the questions were **simple** and **straightforward**. That means your efforts paid off. What do you think about your science quiz tomorrow?

A   I am certain that the science quiz may be **unchallenging** enough for me not to study for it.

A   와, 도서관에서 꾸준히 공부한 게 좋은 결과를 낸 것 같아요. 지난주에 치른 수학 퀴즈가 아주 수월하고 쉬웠거든요.

B   문제가 단순 명확해 보였다고 말씀하셨어요. 노력한 만큼 보람이 있었다는 얘기죠. 내일 과학 퀴즈는 어떨 것 같아요?

A   과학 퀴즈도 제가 공부하지 않아도 될 만큼 수월할 거라고 확신해요.

미친, 제정신이 아닌

헷갈리면 crazy / mad

crazy / mad: '미친, 제정신이 아닌'을 뜻하는 가장 일반적인
단어입니다. crazy는 '미친'의 뜻 외에 '말도 안 되는'의 의미도 있습니다.

비격식

apeshit / wacky 〈 loopy / nuts 〈 crazy / mad(일반적인 표현)

apeshit / wacky

apeshit: '미쳐 날뛰는, 또라이 같은'을 뜻하는 비속어 표현입니다.

wacky: whacky로 적기도 하며, '괴팍한데 익살스러운, 괴짜 같은, 똘끼 충만한'을 뜻하는 비속어
표현입니다. 둘 다 다소 저속해 보이는 표현으로 사용에 주의해야 합니다.

loopy / nuts

loopy와 nuts 둘 다 crazy와 같은 의미이지만, 회화체에서 많이 쓰이는 비격식 표현으로 '미
친, 제정신 아닌'을 뜻합니다. nuts는 명사 앞에서는 쓰이지 못하고 go nuts(미쳐 돌아가다)처
럼 항상 동사 뒤에 쓰이기 때문에 주의해야 합니다.

격식

insane / deranged / lunatic 〈 mental / demented

insane / deranged / lunatic

insane: crazy와 같은 '미친, 제정신이 아닌'을 뜻하지만 좀 더 격식 있는 어조로 쓰입니다. 주로
go insane(돌아버리다) 또는 drive ~insane(~를 미치게 만들다)의 형태로 쓰이죠.

deranged: 의학용어로 '(정신병으로 인해) 행동이 정상적이지 않은, 미친, 실성한'을 뜻합니다.

lunatic: '미쳐 날뛰는, 광적인, 통제 불가능한'을 뜻합니다. 또 lunatic은 명사로도 쓰이는데, 이
경우에는 '미치광이, 또라이'를 뜻하며 상대방을 무시하는 어투이므로 사용에 주의해야 합니
다. 참고로, insane asylum 또는 lunatic asylum은 정신병 환자가 수용되어 있는 '병동'을 의미
하며, 일반적인 정신병원은 psychiatric hospital로 더 많이 씁니다.

mental / demented

mental: mental disease(정신 질환)처럼 명사 앞에서는 의학 용어로 **'정신의, 정신적인'**을 뜻합니다. 하지만 This person is mental.처럼 동사 뒤에 위치할 때는 **'정신 나간, 미쳐 버린'**을 뜻하니 주의해야 합니다.

demented: 의학용어로 **'정신이 이상한'**을 뜻하며 여기선 파생한 dementia는 '치매'를 뜻합니다. 또 mental과 마찬가지로 비꼬는 투의 **'미쳐 날뛰는'**을 뜻하기도 합니다.

A   I am going **nuts** after watching the **crazy** news.

B   Why are you going **apeshit**?

A   A **loopy** ass escaped the **mad** house and it's near my house! I heard this guy did illegal **wacky** experiments on humans.

B   Gosh! What a **crazy** situation!

A   그 말도 안 되는 뉴스를 보고 나니 미치고 환장하겠네.

B   네가 왜 미쳐 날뛰는 건데?

A   한 미친 놈이 정신병원을 탈출했는데 그 병원이 우리 집 근처거든. 이 녀석이 사람들에게 불법적인 괴짜 실험을 했다는 거야.

B   이런! 이게 무슨 말도 안 되는 미친 상황이야!

---

mad house: 정신병원   **experiment**: 실험

A   I feel like I am going **insane** after watching the news.

B   Why? What is making you **mental**?

A   A **deranged** person escaped the **lunatic** asylum which is very close to my house. There is a rumor that this person did illegal **insane** experiments on humans.

B   What kind of **demented** situation is this?

A   뉴스를 보고 나니 미쳐 버릴 것만 같네요.

B   왜요? 뭐 때문에 그렇게 돌 것 같은데요?

A   한 정신이상자가 정신병원에서 탈출했는데 그게 서희 집에서 진짜 가까워요. 일전에 이 사람이 사람들한테 불법적인 미치광이 같은 실험을 했다는 소문이 있어요.

B   이게 무슨 미친 상황이래요!

헷갈리면 beginner

beginner: '초보자, 초심자'를 뜻하는 가장 일반적인 단어입니다.

비격식

noob / newbie / new kid / rookie 〈 newcomer 〈 beginner(일반적인 의미)

noob / newbie / new kid / rookie

noob / newbie: 동일한 뜻의 비속어로 '**초짜**'를 뜻합니다.

new kid: '**신참, 새내기**'를 뜻하며 비슷한 표현으로 과거 미국 남성 아이돌 그룹 이름으로 유명한 new kid on the block 역시 '신입, 새내기'를 뜻하는 단어입니다.

rookie: 주로 미국 영어에서 많이 쓰이며, 운동 경기의 '**신인 선수**'를 뜻하는 단어로 쓰입니다. 비속어로도 쓰여서 이 경우에는 '**풋내기, 애송이**'를 뜻합니다.

new comer

위의 단어들보다 약간 더 격식 있는 단어로 '**신입자, 신참자**'를 뜻합니다.

격식

beginner / tyro / novice 〈 trainee / apprentice / intern

tyro / novice

'**미숙한 초보자**'를 뜻합니다.

trainee / apprentice / intern

trainee: 교육 훈련을 받고 있는 '**수습**'이나 '**현장 실습생**'을 뜻합니다.

apprentice: 전문가의 기술을 전수 받으려고 하는 젊은 사람을 가리키며, '**도제, 견습생, 조수**'를 뜻합니다.

intern: 미국 영어에서 쓰는 표현으로 두 가지 의미가 있습니다. 첫 번째로, 입사 후 교육을 받고 있는 '**수습 사원**'을 의미하며, 영국 영어에서는 apprenticeship employee라고 합니다. 두 번째로, 의과대학을 졸업하고 병원에서 숙련된 의사들의 지도를 받으며 근무하는 '**수련의**'를 뜻하며, 영국 영어에서는 houseman이라고도 합니다.

A Guess what? We have a **new kid** coming tomorrow. I heard she was a **newcomer** to our field.

B A **noob**? In our politics department? It's too tough to start off her career as a **rookie** reporter.

A Yeah, it's hard for **beginners**, so please be nice to this **newbie**.

A 그거 알아? 우리 내일 신참 들어온다네. 이 바닥 일은 처음 해 보는 신입이라더라고.

B 초짜가? 우리 정치부에? 신참 기자가 정치부에서 경력을 시작하는 게 만만치 않을 텐데.

A 그래, 초보 기자들에게는 어려운 일이지. 그러니까 이 초짜한테 잘 대해 줘.

---

field: 분야

A There was an announcement that our department will have a new **intern** reporter. This **trainee** has never worked in our industry and his major is not related to our business.

B Would it be possible for a **tyro** to work in our politics department? We've seen many **novices** giving up within a month.

A It depends on the **beginners'** attitude. We should try to turn an **apprentice** into an expert with sincere care.

A 우리 부서에 수습 기자가 들어올 거라는 공고가 올라왔어요. 이 수습 사원은 우리 쪽 일을 해 본 적이 없고 전공도 우리 쪽 업무와는 관계가 없다고 하네요.

B 경험 없는 초보가 정치부에서 일하는 게 가능할까요? 그동안 한 달도 채 안 돼서 포기하는 신참 기자들 많이 봐 왔잖아요.

A 그거야 신입들의 태도에 달려 있는 거니까요. 진심으로 대해 주면서 견습 기자를 전문가로 키워야겠네요.

---

announcement: 공고   **major**: 전공   **depend on** ~: ~에 달려 있다   **attitude**: 태도

6

멍청한, 어설픈

MP3 **152**

헷갈리면 stupid / foolish

stupid / foolish: '멍청한, 어설픈'을 뜻하는 가장 일반적인 단어입니다.
'어리석은, 바보 같은'을 의미할 때 silly 역시 많이 쓰는 표현입니다.

비격식

airheaded

bubbleheaded 또는 thickheaded와 비슷한 표현으로, **'머리가 텅 빈, 우둔한'**을 뜻하는 비속어
표현입니다. 명사형은 airhead로 '바보, 멍청이'의 뜻입니다.

dopey

dopey 역시 상대방을 비하할 때 쓰는 비속어로, **'어리바리한, (사람이) 멍한'**을 뜻합니다.

klutzy

klutzy는 미국 영어에서 많이 쓰이는 비속어로, **'얼빵한, 얼간이 같은, 덜렁대는'**을 뜻합니다.
그래서 명사형인 klutz가 '얼간이'를 뜻하죠.

dumb

비속어로 **'멍청하고 둔한'**을 뜻합니다. dumb은 구식 영어로 '벙어리의, 말을 못하는'의 의미
로도 쓰입니다. 하지만, 현대 영어에서는 이 dumb이 굉장히 모욕적인 표현이라서 이때는
speech-impaired로 쓰는 것이 더 낫습니다.

격식

simple-minded / slow-witted 〈 obtuse

simple-minded

simple-minded는 우리말로 **'단세포적인, 지나치게 단순하고 어리석은'**을 뜻하며, 멍청하다는 것
을 에둘러 말하는 표현으로 쓰입니다.

slow-witted

slow-witted 역시 **'머리가 나쁜, 이해가 둔한'**을 뜻하는 말로, 눈치가 없거나 좀 모자란 사람을
표현할 때 쓰입니다.

obtuse

obtuse는 격식 있는 표현으로 '**둔한, 둔감한, 이해력이 떨어지는**'을 뜻합니다.

A   I know Tony is **klutzy**, but I don't think he was as **dumb** as what you guys think of.

B   Don't be **foolish**! He always seemed a little **dopey** to me. I mean, he is handsome and athletic, but he is kind of an **airhead**.

A   Got it. Tony is a little **stupid**.

A   토니가 얼빵한 건 알고 있지만 너희들이 생각하는 만큼 멍청하지는 않았던 것 같은데.

B   너야말로 바보같이 굴지 마! 걔는 항상 나에게 좀 멍청해 보였어. 내 말은, 걔가 잘생기고 운동도 잘하지만, 약간 머리가 비어 있다고 해야 할까?

A   알았어. 토니가 약간 멍청하긴 하지.

---

athletic: 운동 신경이 좋은, 운동을 잘하는

A   I have been hearing that Tony is **slow-witted** at the office these days, but I don't know why.

B   You must be mistaken. Tony is a nice gentleman, but many times he seemed **obtuse** in problem solving.

A   It seems like he is **simple-minded** at work, but he was okay at home.

A   요즘 토니가 사무실에서 이해도 둔하다고 좀 그렇다는 말을 제가 듣고 있는데요, 왜 그런지는 모르겠어요.

B   아니에요. 토니가 점잖은 양반이기는 한데, 많이 보면 문제 해결력이 떨어져 보였어요.

A   직장에서는 지나치게 단순하게 일 처리를 하나 보네요. 집에서는 괜찮았거든요.

You must be mistaken.: 잘못 알고 계신 거예요.

7

뽐내는, 잘난 체하는

MP3 **153**

헷갈리면 **bragging**

bragging: '자랑하다, 떠벌리다'를 뜻하는 brag의 형용사형으로 '뽐내는, 잘난 체하는'을 뜻하는 가장 일반적인 단어입니다.

비격식

---

stuck-up / crowing about

stuck-up과 crowing about은 **'거드름 피우는, 우쭐대는'**을 뜻하는 비속어 표현입니다.

showing off

showing off는 **'으스대는, 자랑질하는'**을 뜻하는 비격식 표현으로, 명사형인 show-off는 '과시하는 사람, 자랑쟁이'를 뜻합니다.

flexin'

flexin'은 주로 **'근육을 과시하거나 가지고 있는 것을 뽐내는'**, 또는 그런 행동을 뜻하는 비격식 표현으로, 우리가 요즘에 흔히 "Flex 해버렸지 뭐야"라고 할 때 쓰이는 flex(과시를 위한 자랑질)와 비슷한 어감으로 쓰이는 단어입니다.

power tripping

power tripping은 '노골적으로 권력을 과시하는', 즉 **'갑질하는'**으로 쓰이는 속어 표현입니다.

격식

---

boastful / flaunting

boastful: **'뽐내는, 자랑하는'**을 뜻하는 부정적인 어감의 단어입니다.

flaunting: **'부, 능력, 영향력 등을 과시하는'**을 뜻합니다.

gloating / pretentious

gloating: **'자신의 성공, 업적 등을 자랑스러워하거나 남의 실패를 고소하게 생각하는'**을 뜻합니다.

pretentious: pretend(~인 척하다)에서 파생된 형용사 표현으로, **'있는 척하는, 허세 부리는, 가식적인'**을 뜻하는 단어입니다.

A I am so tired of Dorie **crowing about** everything. She is so **stuck-up** and I can't stand her **power tripping**.

B Say no more. She is such a **show-off**. She was **bragging** about her husband's car this morning.

A Well... Dorie is going to be **flexin'** everything at her house party tomorrow, so be ready.

A 나는 도리가 뭐든 거드름 피우는 것에 아주 지쳤어. 걔는 너무 우쭐대는 데다가 난 걔가 갑질하는 건 못 봐주겠어.

B 말 안 해도 알아. 걔가 완전 자랑쟁이잖아. 오늘 아침에는 남편 차 가지고 자랑질하고 있더라고.

A 음… 도리가 내일 하우스파티에서 또 다 자랑질을 해댈 테니까 미리 각오해.

A Dorie seemed to be **boastful** when she showed up her house yesterday. I have never seen such a **pretentious** person.

B I left early when she was **flaunting** around in her husband's new car. I don't know why she boasts of her wealth.

A I guess she enjoys **gloating** the fact that she has a rich husband or something. She used to **brag** around the office that she caught a rich guy.

A 도리가 어제 자기 집 보여주면서 엄청 뽐내는 것 같던데요. 살면서 그렇게 허세 가득한 사람은 처음 본 것 같아요.

B 저는 도리가 자기 남편 새 차를 과시하려 할 때 일찍 떠났죠. 그녀가 왜 그렇게 부를 자랑하려고 하는지 모르겠어요.

A 내 생각에 도리가 자신에게 부자 남편이 있다 뭐 이런 사실을 업적인 양 자랑스러워 하는 것 같아요. 예전에도 사무실에서 자기가 돈 많은 남자를 잡았다고 자랑하곤 했거든요.

화난, 성난

헷갈리면 화난 정도에 따라 upset 〈 angry 〈 mad

upset: angry보다 다소 약한 어감으로 쓰이며 '속상해하는, 서운해하는'을 뜻합니다. 보통, 명사 앞에서는 잘 쓰이지 않고 동사 뒤에서 쓰입니다.

I was upset when you called me an idiot. 네가 나를 바보라고 불렀을 때 기분이 언짢았어.

angry / mad: '화난, 성난'을 뜻하는 가장 일반적인 단어입니다. 두 단어는 거의 비슷한 의미로 쓰이지만, 보통은 mad가 angry보다 더 화가 많이 난 상태를 표현하기도 하죠. 주의해야 할 점은 angry는 angry man(화가 난 남자)처럼 명사 앞에서 쓰이지만, mad는 mad man(미친 남자)처럼 명사 앞에 오면 '미친'의 의미로 쓰인다는 점입니다.

He is angry at me. 그는 나에게 화가 나 있어요.
You are mad at me. 당신 나에게 몹시 화가 나 있군요.

비격식

pissed

pissed는 **'잔뜩 화가 난'**을 뜻하는 비속어로 우리말로 표현하자면 **'열 받은'**과 유사한 표현입니다. piss off 형태로도 쓰이며 다음과 같이 다양한 의미를 나타낼 수 있습니다.

You piss me off! 네가 날 열 받게 하잖아! (능동으로 '열 받게 하다')
I am pissed off. 나 열 받았어! (수동으로 '열받다')
Why don't you just piss off and leave me alone? 나 좀 냅두고 꺼져 줄래? ('꺼지다'의 의미)

salty

salty는 salt에서 유래하여 '소금기가 있는, 짭짤한'의 의미로 많이 쓰이지만, **'짜증을 잘 내는, 과민한'**을 뜻하는 속어 표현이기도 합니다.

격식

piqued

pique는 격식 있는 어조로 '불쾌함, 언짢음'을 뜻합니다. 주로 상대방이 제대로 대우해 주지 않아서 자존심에 상처를 받았을 때 쓰는 표현으로, piqued는 **'언짢은, 기분이 상한'**을 뜻합니다.

enraged / furious

enraged와 furious는 **'몹시 화가 난, 격분한'**을 뜻합니다. rage와 fury는 명사로 '분노'를 뜻하며, enrage는 동사로 쓰여 '격노하다, 격분하게 만들다'의 뜻입니다.

indignant

indignant는 부당하거나 불공정한 대우를 받아서 **'분개한, 분해 하는'**을 뜻합니다.

exasperated

exasperate는 동사로 '몹시 화나게 하다'의 뜻입니다. 이것의 과거분사인 exasperated는 **'기분을 언짢게 하는, 짜증나게 만드는'**을 뜻하는 격식 있는 어조의 표현입니다.

A   Cora, why are you being so **salty** today? I can feel your **angry** aura.
B   Well, I am very **pissed** because I was on the bus, and a man told me off for sitting down.
A   You were probably very **upset**. You have the right to be **mad** at him.

A   코라, 너 오늘 왜 그렇게 잔뜩 짜증이 났어? 너의 성난 아우라가 느껴져.
B   글쎄, 내가 버스에 탔는데 어떤 남자가 내가 자리에 앉아 있다고 꾸짖어서 나 엄청 열 받았어.
A   굉장히 언짢았겠는데. 그 인간한테 몹시 화날 만하네.

---

aura: 어떤 사람이나 장소에 서려 있는 독특한 기운, 분위기   **tell someone off**: ~를 꾸짖다

A   Cora, I heard that you were **enraged** by a man at the bus stop this morning.
B   Certainly! I felt very **indignant** at the way he treated me. Being **piqued**, I was about to slap his face.
A   What was the man's problem? He must have been **furious** at something to come out swinging like that.
B   He seemed to be eccentric. Everyone at the bus stop was **exasperated** at the comments he made.

A   코라, 오늘 아침에 버스 정류장에서 어떤 남자 때문에 몹시 격분했다고 들었어요.
B   네, 맞아요! 제가 굉장히 분개한 건 그 남자가 저를 대하는 방식이었죠. 너무 기분이 상해서 제가 그 사람 얼굴을 한 대 칠 뻔했다니까요.
A   도대체 그 남자는 뭐가 문제였을까요? 뭔가에 격노했으니 그렇게 시비를 건 거겠죠.
B   상식을 벗어난 사람 같았어요. 버스 정류장에 있던 모든 사람들이 그의 말에 언짢아했죠.

---

swing: 부정적인 방법으로 해내다   **eccentric**: 괴짜인, 별난

9 비밀의, 은밀한

헷갈리면 **secret**

secret: '비밀의, 은밀한'을 뜻하는 가장 일반적인 단어입니다.
명사로는 '비밀'을 뜻하죠.

비격식

zipped-up

'지퍼를 채워 올리다'에서 유래된 표현인 zipped-up은 **'입 다물고 있는'**의 의미로 비속어 표현
입니다.

low-key

low-key는 **'소수의 사람들만 관여하는, 절제된, 억제된'**에서 유래한 표현으로, 주로 keep과 함께
'튀지 않게 가만히 있다, 소박하게 행동하다, 알면서도 묵인하다' 등의 뜻으로 쓰입니다.

hush-hush

hush는 우리말로 조용히 하라고 할 때 쓰는 쉿!과 같은 표현입니다. 그래서 hush-hush는 **'쉬
쉬하는, 내부에서 은밀히 진행하는'**을 의미합니다.

격식

off-the-record

'기록되지 않는'에서 유래된 off-the-record는 **'정보를 밖으로 공개하지 않기로 하는, 비공개를 전
제로 하는'**을 뜻하며, 주로 대외적으로 알려지면 안 되는 비밀 정보를 다룰 때 많이 쓰는 표현
입니다. 반대말은 for the record이며, '공식적으로 기록에 남기는, 공개적으로 이야기하는'을
뜻합니다.

confidential

confidence(비밀)의 형용사형으로 쓰여 **'비밀의, 은밀한'**을 뜻합니다. 주로 비즈니스에서 대외
적으로 알려지면 안 되는 비밀문서에서 'confidential document'라는 표현을 자주 볼 수 있습
니다.

classified

confidential과 비슷한 의미로 쓰여 **'공식적으로 비밀인, 기밀의'**를 뜻합니다. 반대말은 unclassified이며 '기밀이 아닌, 공개된 정보인'의 뜻으로 쓰입니다. classified는 '기밀의'라는 뜻도 있지만, '주제별로 분류된'의 뜻으로 쓰일 수도 있으니 문맥을 보고 어떠한 의미로 쓰이는지 파악하고 해석해야 합니다.

covert

covert는 격식 있는 영어 표현으로 **'비밀의, 은밀한'**을 뜻합니다. 반대말은 overt이며, '명시적인, 공공연한을' 뜻하죠.

A I think I have some exclusive information for you. Can you keep it **low-key** for a while?

B You know I am an experienced reporter. I can always keep it **zipped-up** when I have to.

A This is totally **hush-hush**, alright? I know some **secrets** about the royal family.

A 내가 너한테 줄 독점 정보가 있는 것 같거든. 알려줄 테니까 당분간 얌전히 비밀 지킬 수 있겠어?

B 너 내가 짬밥 좀 먹은 기자라는 거 알잖아. 필요할 때는 언제든 입에 지퍼 채울 수 있다니까.

A 이건 정말 비밀이야, 알겠지? 내가 왕실에 대해서 몇 가지 비밀을 알고 있어.

---

exclusive: 독점적인

A I have an inside scoop for you! This information is **classified** top secret.

B As always, I will keep your information **confidential** until you allow me to report in our newspaper.

A Make sure you need to keep the **secrets off-the-record**. It is about a **covert** activity from the royal family.

A 그쪽에게 알려줄 내부 정보가 있습니다. 이 정보는 공식 일급 비밀입니다.

B 늘 그랬듯이, 전 그쪽이 우리 신문에 보도를 허락할 때까지 주시는 정보를 비밀로 다룰 겁니다.

A 이 비밀들을 확실하게 비공개로 하셔야 합니다. 왕실 가문의 비밀 활동에 관한 이야기거든요.

---

inside: 내부의   **scoop**: 최신 정보

헷갈리면 **stingy**(부정) / **economical**(긍정)

stingy: 부정적인 의미로 돈과 관련해 '인색한, 쪼잔한, 쩨쩨한'을 뜻하는 가장 일반적인 단어입니다.

economical: 긍정적인 의미로 '알뜰한, 경제적인, 검소한'을 뜻하는 가장 일반적인 단어입니다. economic은 '경제의'를, economics는 '경제학'을 의미하기에 각 단어 사용에 주의해야 합니다.

비격식

(형) cheap / tight-fisted

(명) miser / scrooge / penny-pincher / cheapskate / niggard

cheap

cheap은 '값이 싼'의 뜻 외에 미국 영어에서는 **'인색한, 쪼잔한'**의 의미로도 쓰입니다. 이러한 '인색한'의 의미일 경우에 영국에서는 cheap보다 mean을 선호합니다.

(美) **Don't be so cheap.** (英) **Don't be so mean.** 그렇게 인색하게 굴지 마.

tight-fisted

'주먹을 꽉 쥔'을 의미하는 tight-fisted는 주먹 안에 있는 것을 안 쓰려고 움켜쥐고 있는 상태를 뜻하여, 우리말로는 **'쫀쫀한, 좀생이 같은'**을 뜻하는 단어입니다.

miser / scrooge / penny-pincher / cheapskate / niggard

miser, scrooge, penny pincher, cheapskate, niggard 모두 '돈에 인색한 사람'을 비하하는 **'구두쇠, 수전노'**를 뜻하는 단어들입니다. scrooge는 〈크리스마스 캐럴〉에 나오는 Scrooge 영감에서 파생돼 친숙한 단어죠.

격식

miserly / niggardly

miserly와 niggardly는 miser와 niggard(구두쇠)의 형용사형으로 **'구두쇠 같은, 인색한'**을 뜻하는 부정적 어감의 단어입니다. niggardly가 miserly보다 좀 더 격식 있는 표현으로 쓰입니다.

parsimonious

parsimonious는 격식 있는 어조의 표현으로 **'돈에 지독하게 인색한'**을 뜻합니다.

frugal / thrifty

frugal과 thrifty는 긍정적인 의미로 많이 쓰여 **'검소한, 알뜰한'**을 뜻하는 단어입니다.

A Did you see Noah at the get-together? He is the definition of a **penny-pincher**. He is so **cheap**!

B Oh no, was he being **tight-fisted** about splitting the payment again? He is a famous **scrooge** in our group.

A And he blames it on his **stingy** income!

B I know. Noah is a **miser** for ruining everyone's fun at our gatherings.

A What a **cheapskate** he is!

A 모임에서 노아 봤어? 그 사람 구두쇠 단어 그 자체야. 너무 쪼잔해!

B 맙소사, 그가 또 더치페이 하는데 좀생이처럼 군 거야? 그 사람 우리 그룹에서 유명한 구두쇠거든.

A 그리고 자기가 그렇게 구는 걸 박한 자기 수입 탓을 하더군.

B 알지. 하여간 노아는 모임에서 모두의 즐거움을 망치는 구두쇠니까.

A 어쩜 그렇게 구두쇠 같은 녀석이 다 있지?

---

get-together: 모임   **definition**: 정의   **split the payment**: 더치페이를 하다
ruin: 망치다, 깨뜨리다

A Isn't Noah from our gathering also criticized for his **miserly** behavior?

B Yeah. He used to be known as a **frugal** person and for never squandering money on unnecessary things. But his current life is beyond such a **thrifty** life.

A It means that Noah has become **parsimonious** now.

B That is right, and he is also **niggardly** with his emotional expressions which makes people uncomfortable.

A 우리 모임의 노아도 구두쇠 같은 행동 때문에 비난받고 있지 않나요?

B 맞아요. 예전에는 검소하고 불필요한 일에 돈을 낭비하지 않는 사람으로 알려져 있었거든요. 그런데 현재 그 사람 사는 게 그러한 검소한 삶을 넘어섰어요.

A 그 말은 노아가 이제 지독하게 돈에 인색해졌다는 거네요..

B 맞아요. 또 감정 표현에도 인색해서 사람들을 불편하게 하죠.

---

criticize: 비난하다   **squander**: 낭비하다, 허비하다

헷갈리면 lazy / idle

lazy / idle: '게으른, 느긋한, 나태한'을 뜻하는 가장 일반적인 단어입니다.

비격식

burritoing

멕시코 음식인 부리토는 토티야에 고기, 콩, 채소 등을 싼 음식으로, burritoing은 마치 사람이 이불을 돌돌 말고 아무것도 안 하고 있는 '**게으른 사람 같은**'을 뜻하는 신조어입니다.

laid-back

널브러진(laid)과 뒤로(back)의 합성어인 laid-back은 말 그대로 느긋하게 뒤쪽에 누워 여유를 부리는 상황에 쓰는 표현입니다. '**느긋한, 여유로운, 천하태평한**'의 뜻이죠. 비슷한 표현으로 easy-going도 사용할 수 있습니다.

couch-potato / lazybones / do-little

couch-potato: couch potato는 오랜 시간 동안 소파에서 감자칩을 먹으면서 뒹굴거리는 게으름뱅이를 표현하는 비꼬는 투의 단어입니다. 중간에 하이픈(-)을 넣은 couch-potato는 형용사로 쓰여서 그러한 '**게으름뱅이 같은**'을 의미하죠.

lazybones: 항상 복수 형태로 쓰여 lazy people을 의미하는 '**게으름뱅이들**'을 의미합니다.

do-little: 이 단어 역시 '**정해진 시간 동안 아주 조금만 일을 하는 게으름뱅이**'를 뜻하며, 형용사로도 쓰여 그러한 '**게으름뱅이 같은**'의 뜻이 됩니다.

격식

sluggard / sluggish

sluggard: 격식 있는 어조로 '**느림보, 나태한 사람**'을 뜻합니다.

sluggish: 민달팽이(slug)가 느릿느릿 움직이는 데서 유래한 '**느릿한, 둔한, 굼뜨는**'을 뜻하는 단어입니다.

indolent / negligent

indolent: 격식 있는 어조로 쓰여 '**게으른, 나태한**'을 의미하죠.

negligent: 격식체 또는 법률 용어로 쓰여서 '**의무에 태만한, 등한시한**'을 뜻합니다.

lethargic

lethargy는 '무기력'을 의미하며, 이것의 형용사형인 lethargic은 **'무기력한, 활발하지 못한'**을 뜻합니다. 그래서 lethargic의 반대말은 energetic(정력적인, 아주 활발한)이 되는 거죠.

A What are you **lazybones** doing? Get up and do something.

B This is the only time I get to be **laid-back** and become a **couch potato**. Let me relax and be **lazy** for a few days.

A What the heck is your friend doing?

B She is on her bed **burritoing** and being a **do-little**.

A 이 게으름뱅이들이 뭐 하는 거야! 일어나서 뭐라도 좀 해.

B 지금이 내가 태평스럽게 소파와 한 몸이 될 수 있는 유일한 시간이라고요. 며칠 동안 느긋하게 게으름 좀 피울 수 있게 해 줘요.

A 대체 네 친구는 뭐 하고 있는 거냐?

B 걔는 침대 위에서 이불 돌돌 말아놓고 농땡이 부리고 있죠.

A Doing nothing will make you **lethargic**. You should not get used to being a **sluggard**.

B Don't worry because I won't stay **idle** for long. You know that I am not an **indolent** person.

A I know you are not a **negligent** person, but your friend seems to be very **lazy**.

B She said she felt **sluggish** today. That's why she looked like a **sluggard**.

A 아무것도 하지 않으면 무기력해집니다. 나태한 사람이 되는 것에 익숙해져서는 안 돼요.

B 걱정하지 마세요. 오래 빈둥거리지 않을 거니까요. 제가 게으른 사람이 아니라는 거 아시잖아요.

A 할 일을 등한시 하는 사람이 아니란 건 잘 알지요. 하지만 당신 친구는 아주 게을러 보이네요.

B 그 친구가 오늘따라 몸이 굼뜨는 것 같다고 하더라고요. 그래서 느릿느릿 굼뜬 사람처럼 보였던 겁니다.

---

get used to ~: ～에 익숙해지다

헷갈리면 happy / glad

happy / glad: '행복한, 기쁜'을 뜻하는 가장 일반적인 단어입니다. 두 단어의 미묘한 차이점을 밝히자면, happy는 '행복한, 기쁜'의 두 의미로 다 쓰이지만, glad는 '기쁜, 반가운'의 의미로 쓰입니다. happy와 달리 glad는 명사 앞에서는 잘 쓰이지 않고, 대부분 동사 뒤에서 쓰입니다.

happy people (O) vs. glad people (X)
People are happy to visit my house. (O) vs. People are glad to visit my house. (O)

비격식

on cloud nine / walking on air

on cloud nine: '구름 위에 떠 있는' 기분을 뜻합니다.
walking on air: 구름 위를 걷고 있는 기분을 뜻하여 '들떠 있는, 더할 나위 없이 행복한' 상태를 표현할 때 쓰는 회화체 표현입니다.

over the moon

over the moon 또한 하늘을 둥둥 떠다니듯 '너무나 행복한, 황홀한'을 뜻하는 회화체 표현입니다.

thrilled

'너무 황홀한, 매우 신나는'을 뜻하는 회화체 표현입니다.

격식

pleased

pleased는 명사 앞에는 쓰이지 않고 동사 뒤에 쓰여서 glad보다 좀 더 격식 있는 어조의 '기쁜, 반가운'을 뜻합니다.

delighted / overjoyed / joyful

delighted와 overjoyed, joyful 모두 '매우 기뻐하는'을 뜻하는 격식체 표현이며, overjoyed는 명사 앞에는 쓰이지 않고 동사 뒤에 쓰입니다. 이 표현들 모두 pleased보다 더욱 더 기쁜 상황을 표현할 때 쓰입니다.

blissful / jubilant

blissful은 extremely happy(더 없이 행복한)을 뜻하며, jubilant는 '(성공으로 인해) 더할 나위 없이 행복한, 의기양양한'을 뜻합니다.

A You look like you are **thrilled** by the news. I bet you're **on cloud nine**.

B I am **over the moon** right now! As you know, I got my college acceptance letter today.

A I am **glad** to hear the news. No wonder why you are **walking on air**.

A 너 그 소식 듣고 아주 신나 보인다. 지금 하늘을 나는 기분이겠네.
B 나 지금 너무너무 행복해! 알다시피 나 오늘 대학 합격 통지서 받았잖아.
A 소식 들으니까 기쁘네. 들떠 있는 게 당연하구먼.

I bet: (뒤에 말할 내용에 확신을 갖고 얘기할 때)   **college acceptance letter**: 대학 합격 통지서

A We are **pleased** to inform you of your acceptance of ABC College. Your **jubilant** success will inspire many of your friends.

B Thank you! I am so **delighted** to hear that. My parents were **overjoyed** to hear this good news as well.

A I hope your college life is **joyful** and full of fun!

B I hope so, too. That would make me very **happy**.

A Have a **blissful** college life.

A ABC 대학에 합격하신 걸 알리게 되어 기쁩니다. 당신의 의기양양한 성공이 많은 친구들에게도 영감을 줄 겁니다.
B 감사합니다! 그 말씀 들으니까 정말 기쁘네요. 저희 부모님도 이 좋은 소식을 듣고 매우 기뻐하셨어요.
A 당신의 대학 생활이 늘 즐겁고 항상 기쁨이 가득하기를 바랍니다.
B 저도 그랬으면 좋겠어요. 그렇게 하면 매우 행복할 것 같아요.
A 더 없이 행복한 학교 생활 즐기세요.

---

inspire: 영감을 주다

13

슬픈, 우울한

MP3 **159**

헷갈리면 sad / depressed

sad / depressed: sad는 '슬픈', depressed는 '기분이 우울한'을 뜻하는 가장 일반적인 단어입니다. 그래서 depressed의 명사형인 depression은 '우울증'을 의미합니다.

비격식

feeling blue / down in the dumps

feeling blue와 down in the dumps는 둘 다 **'기분이 울적한, 우울한'**을 뜻하는 구어체 표현들입니다.

gloomy / glum

gloomy와 glum은 **'희망이 없어서 침울한, 시무룩한, 뚱한'**을 뜻하는 구어체 표현들입니다. gloomy는 기분이 우울한 뿐만 아니라 '분위기가 어둑어둑한, 음울한'의 의미로도 쓰입니다.

격식

pitiable

pitiable은 pity(동정)에서 파생된 형용사로, **'동정심을 유발하는, 측은한, 가련한, 애처로운'**을 뜻하는 격식 있는 표현입니다.

melancholy

melancholy는 명사로 쓰일 때는 **'장기간 지속된 원인 모를 우울함, 비애'**를 뜻하며, 형용사로 쓰일 때는 **'구슬픈, 침울한'**을 뜻하는 격식 있는 표현입니다.

sorrowful / heavy-hearted

sorrowful: 문학 작품에서 많이 쓰이는 표현으로 **'슬픔이 가득한'**을 뜻합니다.

heavy-hearted: 역시 문어체로 쓰이는 단어로 **'마음이 무거운, 수심에 잠긴'**을 뜻하는 격식 있는 표현입니다.

A Why the **glum** look? Are you **sad**?

B I don't know… I've been **feeling blue** all week. Maybe it is because of the **gloomy** weather.

A I think so, too. I've been **down in the dumps** for the past few days as well.

A 왜 그렇게 뚱한 표정이야? 슬퍼?

B 나도 몰라… 일주일 내내 우울해. 음울한 날씨 탓일 수도 있고.

A 나도 그런 것 같아. 나도 지난 며칠 동안 엄청 침울했어.

A Ma'am. You seem to be **sorrowful** these days.

B Yes. I am not sure why, but I am in a **melancholy** mood. It is mainly because the rainy weather makes me a little **heavy-hearted**.

A I agree with you. I felt **depressed** when I saw a **pitiable** scene of the homeless people caught in the rain for several days.

A 여사님. 요즘 굉장히 슬픔이 가득하신 것 같아요.

B 네. 왜 그런지 모르겠지만 요즘 우울감에 젖어 있어요. 비가 계속 오는 날씨 때문에 제 마음이 좀 무거워지는 것 같아요.

A 동감입니다. 저도 며칠 동안 비를 맞고 있는 노숙자들의 측은한 장면을 보니 기분이 우울해지더라고요.

14

무례한, 건방진

MP3 160

헷갈리면 rude

rude: '무례한, 건방진, 버릇 없는(= impolite)'을 뜻하는 가장 일반적인 단어입니다.

비격식

cocky / sassy / cheeky

cocky, sassy, cheeky는 비격식 표현으로 '**건방진**'을 의미합니다. sassy는 주로 미국 영어에서 쓰이며, '건방진'의 의미뿐 아니라 좋은 뜻으로도 쓰여 '대담한, 멋진'의 뜻도 있습니다. cheeky는 주로 영국에서 쓰이고, 약간 건방진 사람을 표현하여 '까불까불한, 얄미운'을 뜻합니다.

saucy

saucy는 '**건방진**'뿐만 아니라 '**(성적으로) 가벼운 농담조로 말하는, 짓궂은**'의 뜻으로도 쓰여 saucy jokes는 '짓궂은 농담'을 뜻합니다.

know-it-all

know-it-all은 미국 영어에서 뭐든 다 아는 체하는 사람을 비꼬는 표현으로 '**똑똑한 체하는**'을 뜻하며, 영국 영어에서는 know-all로 표현합니다. 명사로는 '**모든 걸 아는 척하는 사람**'의 뜻입니다.

격식

ill-mannered / impudent / impolite

ill-mannered와 impudent는 rude보다 격식 있는 표현으로 '**무례한, 버릇없는, 예의 없는**'을 뜻합니다.

arrogant / haughty

arrogant와 haughty는 격식체로 '**오만한, 거만한**'을 뜻합니다.

insolent

insolent는 격식체로 '**버릇없는, 무례한**'을 뜻하며, 주로 어른이 아이의 행동을 지적할 때 자주 쓰이는 단어입니다.

A I am sick of your **sassy** back talk! You talk as if you are a **know-it-all**, but one day you will get in trouble for that **saucy** attitude.

B To me, you sound snobbish and **cocky**.

A How **rude**. You are just like your kids getting far too **cheeky**!

A 네 시건방진 말대꾸에 신물이 난다! 너는 네가 다 아는 것 마냥 말하지만, 언젠가는 그 건방진 태도 때문에 곤경에 처하게 될 거야.

B 나한텐 네가 속물 같고 건방지게 들려.

A 어쩜 이렇게 무례하냐. 끝을 모르고 까불어 대는 게 네 아이들과 똑같구먼.

---

back talk: 말대꾸　　**attitude**: 태도　　**snobbish**: 속물 같은

A Your **haughty** attitude and **ill-mannered** remarks are crossing the line.

B You may think that I am nothing more than an **impudent** person. However, from my perspective, you are an **impolite** person.

A I heard your children are as **arrogant** as you. Let's see how **insolent** they are once I see them.

A 당신의 오만한 태도와 예의 없는 언사가 도를 넘었어요.

B 아마도 저를 버릇없는 사람에 지나지 않는다고 생각하시나 보군요. 하지만 제 관점에서 볼 때는 당신이 예의 없는 사람입니다.

A 당신 아이들도 당신만큼이나 오만하다고 들었어요. 당신 아이들을 만나면 얼마나 버르장머리가 없는지 한번 봐야겠네요.

---

remark: 언사, 말　　**cross the line**: 지켜야 할 선을 넘다　　**nothing more than**: 단지 ~인(= only)
perspective: 관점

15

좋아하다

헷갈리면 like / love

like / love: '좋아하다'를 뜻하는 가장 일반적인 표현입니다. love는 '사랑하다'의 의미도 있지만, like보다 더 강한 의미로 쓰여 '대단히 좋아하다'를 뜻하기도 합니다.

비격식

dig / tickle my fancy ⟨ **go for / be fond of**(일반적인 표현)

dig / tickle my fancy

이 두 표현은 비격식체로 **'아주 좋아하다, 마음에 들다'**를 뜻합니다.

go for / be fond of

이 두 표현은 구어체 영어에서 **'좋아하다'**를 뜻하며, go for 뒤에 사람이 나올 경우에는 '좋아하다, 편에 서다, 지지하다' 등의 의미로 쓰입니다. be fond of는 '애정을 갖다, 오랫동안 좋아해 오다, 애호하다'를 뜻합니다.

격식

be in favor of

be in favor of는 **'특별히 좋아하다, 편애하다, 선호하다'**의 뜻으로 쓰이며, 공식 문서에서 쓰일 경우에는 '~에 찬성하다, 공식적으로 지지를 보내다'의 뜻을 나타내기도 합니다.

enjoy

enjoy는 **'좋아하는 행동을 하다, 즐기다'**를 뜻하며, 격식체 영어에서는 '~을 누리다, 향유하다'의 뜻도 가능합니다.

appreciate / adore

appreciate: **'높이 평가하다, 인정하다'**의 뜻으로 쓰입니다.

adore: love의 격식체 표현으로 **'아주 좋아하다'**를 뜻합니다.

A   My god! I **dig** your outfit today. How did you know I **like** sparkly things?

B   Well, since I found this nameless designer, over the years, I have grown quite **fond of** her designs.

A   I have to say, the design **tickled my fancy** for several reasons.

A   세상에! 오늘 네 옷 정말 마음에 든다. 내가 반짝거리는 것을 좋아하는 거 어떻게 알았어?

B   음, 내가 이 무명 디자이너를 알게 되고 부터는, 몇 년 동안 내가 그 디자이너의 디자인 애호가가 되었지.

A   여러 이유로 디자인이 참 내 마음에 쏙 드네.

---

outfit: 옷, 복장   **sparkly**: 반짝반짝 빛나는

A   These days, I **am in favor of** some outfits from this designer.

B   I heard many people **appreciate** her designs.

A   I **love** all her collections, but I especially **adore** last season's collection.

B   I am sure you will **enjoy** her upcoming summer collection.

A   요즘에는 제가 이 디자이너의 옷들을 매우 선호합니다.

B   그녀의 디자인을 높이 평가하는 사람들이 많다고 들었어요..

A   저는 그 디자이너의 모든 컬렉션이 다 너무 좋지만, 특히 지난 시즌 컬렉션들이 아주 좋습니다.

B   곧 출시될 여름 컬렉션도 즐겨 입으시겠네요.

---

upcoming: 다가오는

16

싫어하다

MP3 **162**

헷갈리면 don't like / hate

don't like / hate: don't like는 '좋아하지 않다'를 뜻하는 가장 일반적인 표현입니다. hate는 love의 반대말로 don't like보다 더 강한 의미로 쓰여 '대단히 싫어하다, 증오하다'를 뜻하기도 합니다.

비격식

get turned off

'신경을 끄다, 관심을 끄다'의 뜻으로 쓰입니다.

be not my cup of tea

be not my cup of tea는 다른 사람들은 좋아할지도 몰라도 '**내 취향/스타일은 아니다**'로 쓰이는 표현입니다.

disgust

'**토 나올 정도로 싫어하다, 역겹게 만들다**'를 뜻하며 심하게 싫어하는 대상을 표현할 때 쓰입니다.

look down on

look down on은 '**사람을 깔보거나 우습게 보다, 멸시하다**'의 뜻으로 쓰이며, look up to는 반대말로 '우러러보다'의 뜻입니다.

격식

dislike 〈 loathe / detest / abhor / abominate

dislike

dislike는 don't like의 격식체 표현으로 주로 문어체에서 많이 쓰는 '**싫어하다**'입니다.

loathe / detest / abhor / abominate

loathe / detest: 둘 다 hate보다 더 강한 의미로 '**혐오하다**'의 의미로 쓰입니다.

abhor: 격식체 표현으로 주로 '**도덕적인 이유로 혐오하다**'를 뜻하며 우리말 '극혐'과 유사한 표현입니다.

abominate: 역시 격식체 표현으로 '**증오하다, 혐오하다**'를 뜻하는 단어입니다.

A What are you doing? Your attitude **disgusts** me.

B Are you **looking down on** me because I am young? If you **hate** it so much, don't look at me.

A Don't talk to me like that. Your friends will **get turned off** by you soon enough.

B Honestly, this job **is not my cup of tea**, so I'll just quit right now.

A 너 뭐 하는 거니? 네 태도 정말 너무 별로고 싫어.

B 내가 어리다고 깔보는 건가요? 그렇게 싫으면 쳐다보지 마세요.

A 그런 식으로 말하지 마라. 그런식으로 하면 네 친구들이 너에게 질려서 떠나 버릴 거야.

B 솔직히 이 일이 제 취향은 아니에요. 그러니 당장 그만둘게요.

A Why do you **loathe** your part-timer?

B I don't **dislike** her as a person, but I **abhor** her attitude towards her job duty.

A Her attitude is not normal. I **detest** her actions as well.

B I really don't know why she **abominates** all her co-workers.

A 왜 그렇게 당신 아르바이트 직원을 싫어하세요?

B 저는 그 사람이 인간적으로 싫은 건 아니지만 그녀의 업무 수행 태도는 혐오할 수준이에요.

A 그녀의 태도가 정상은 아니죠. 저 역시 그녀의 행동이 몹시 싫으니까요.

B 도대체 그녀가 왜 자기 모든 직장 동료를 증오하는지 모르겠어요.

17

귀찮게 하다, 짜증나게 하다

MP3 163

헷갈리면 bother / annoy

bother / annoy: '귀찮게 하다, 짜증나게 하다'를 뜻하는 가장 일반적인 단어입니다. 대신, bother는 '일시적으로 또는 가볍게 귀찮게 하다'는 뜻이지만, annoy는 '지속적으로 또는 심하게 귀찮게 하다, 성가시게 하다'를 뜻하여 bother보다 강도가 더 센 표현입니다.

비격식

get under one's skin
'피부 아래로 들어가다'에서 유래된 단어로, **'괴롭히다, 귀찮게 하다, 짜증나게 하다'**를 뜻합니다.

get on one's nerves
get on one's nerves는 말 그대로 **'신경을 거슬리다, 신경질 나게 하다, 초조하게 하다'**를 뜻합니다.

be miffed
be miffed는 '(상대방의 말 또는 행동에) **약간 짜증나다**'를 뜻하며, 우리말로는 '욱하다, 발끈하다' 정도의 뉘앙스를 지닌 비격식 표현입니다.

be ticked off
tick me off는 piss me off와 같은 의미의 표현으로, '나를 열 받게 하다'를 의미합니다. 그렇기 때문에 be ticked off (= be pissed off)는 **'열 받다, 삐치다'**를 뜻하는 회화체 표현입니다.

격식

agitate / irk
agitate: **'동요시키다, 마음을 뒤흔들다, 불안하게 만들다'**를 뜻하는 격식체 표현입니다.

irk: 역시 격식체 표현으로 **'진저리나게 하다'**를 뜻하며, 주로 문학 작품에서 많이 등장하는 단어입니다.

vex / irritate
vex: annoy의 격식체 표현으로 **'괴롭히다, 화를 돋우다, 짜증나게 하다'**를 뜻합니다.

irritate: keep annoying의 의미로 **'지속적으로 귀찮게 하거나 짜증나게 하다, 격앙시키다'**를 뜻합니다. 이 irritate는 '피부를 자극하다'의 뜻으로도 쓰여서, 명사형인 irritation은 '짜증, 격앙'의 뜻뿐 아니라 '자극, 피부 자극에 의한 염증'을 뜻하기도 합니다.

pester / harass

pester: '자꾸 부탁해서 성가시게 하다, 떼를 쓰다, 조르다(= badger)'를 뜻합니다.

harass: '(위압을 가하거나 기분 나쁜 언행으로) 괴롭히다, 희롱하다'를 뜻합니다. 명사형은
harassment이며, '성희롱, 성추행'을 영어로 sexual harassment로 표현합니다.

A Bob is pretty **ticked off** about what happened yesterday.

B Argh! Why is he so **annoyed** when he is the one who **got under my skin**?

A What got you so **miffed**?

B Well, I told him that he was **getting on everyone's nerves** by farting a lot in the office.

A 밥이 어제 일어난 일로 상당히 열 받았어.

B 아! 날 짜증나게 한 건 자기인데, 왜 본인이 짜증을 내고 그래?

A 넌 뭐 때문에 욱했던 건데?

B 음. 밥한테 사무실에서 방귀를 많이 뀌어서 사람들 신경을 건드린다고 내가 말했거든.

fart: 방귀를 뀌다

A Bob is always trying to **pester** someone in the office. His off-the-clock business calls **irk** me.

B Tell me about it! He **bothers** me on my precious weekend. I am not easily **vexed**, but he surely knows how to **harass** a person.

A Everyone in my office got really **irritated** last week when he kept passing gas inside the office.

B Let's not **agitate** him yet. But we should talk to him after his project is finished.

A 밥은 항상 사무실에서 누군가를 말로 성가시게 하려고 한다니까요. 그 사람한테서 업무 시간 외에 오는
전화 때문에 정말 전 진저리가 납니다.

B 그러게 말입니다! 제 소중한 주말에도 저를 괴롭힌다니까요. 전 쉽게 짜증을 내지 않는 사람인데,
그 사람은 사람을 괴롭히는 방법을 확실히 알고 있어요.

A 지난주에는 그가 사무실 안에서 계속 방귀를 뀌어 대서, 사무실에 있던 모든 직원들이 화가 머리 끝까지
치밀어 올랐었죠.

B 아직은 그를 괜히 동요시키지 말자고요. 하지만 그 사람 프로젝트 끝난 후에는 그와 이야기해 봐야겠어요.

off-the-clock business call: 업무 시간 외 전화 **Tell me about it!**: (상대방 말에 동의하며) 제 말이요.
pass the gas: 방귀를 뀌다

헷갈리면 great / excellent

great / excellent: '굉장한, 아주 훌륭한'을 뜻하는 가장 일반적인 단어입니다. ★★★★★

비격식

---

awesome / epic / fantastic

awesome: '굉장한, 멋진, 대박인'을 뜻하며, 미국 영어에서 남녀노소를 막론하고 가장 흔하게 쓰이는 회화체 표현입니다. 영국에서는 brilliant를 awesome과 같은 의미로 많이 씁니다. awesome의 반대말로는 '끔찍한, 지독한'을 뜻하는 awful이 있지요. 하지만 awful이 형용사 앞에 오면 부사가 되어 '굉장히'를 의미하는 긍정적인 뜻으로도 쓰이기 때문에 해석에 주의해야 합니다.

> **This song is** awesome! 이 노래 대박이야!
> **This song is** awful! 이 노래 최악이야!
> **This song is** awful good! 이 노래 대박 좋아!

epic: 원래 '서사시, 서사시의, 서사시 같은, 방대한'을 뜻하는 단어입니다. 하지만 젊은 층이 많이 쓰는 회화체 영어에서는 형용사로 '대박인'을 뜻합니다.

fantastic: fantasy(환상)의 형용사형으로, '환상적인, 기가 막히게 좋은'을 뜻하는 회화체 표현입니다.

da bomb / mind-blowing / swell

da bomb: the best를 의미하는 슬랭 표현으로 '최고의, 완전 좋은'을 뜻합니다.

mind-blowing: '너무 신나는, 감동적인, 놀라운, 어마어마한'을 뜻하는 회화체 표현입니다.

swell: 보통 '붓다, 부풀다, 부어 오르다'의 의미로 많이 쓰이지만, 명사 앞에서 형용사로 쓰이면 '아주 좋은, 아주 멋진'을 뜻하는 회화체 표현이 됩니다.

sick / dope

sick: sick과 dope는 둘 다 최근에 십대들이 만든 슬랭 표현으로 '극단적으로 좋은, 대박인, 쩌는'을 의미하여 주로 젊은 층에서 많이 씁니다. sick은 본래 '아픈, 병이 든'을 뜻하지만, 주어가 사람이 아닌 사물일 경우에는 이 같은 의미로 쓰일 수 있습니다.

dope: BTS(방탄소년단)의 노래 '쩔어!'의 영어 제목으로 잘 알려져 있는 dope는 뜻이 다양합니다. 가장 잘 알려진 의미로 '약물, 마약'이 있고, sick과 마찬가지로 주어가 사물일 경우에는 앞서 설명한 의미로 쓰일 수 있습니다.

I am sick. 나 아파요.

I am on dope. 나는 약물(마약)에 중독되어 있어요.

This song is sick / dope. 이 노래 대박이에요.

격식

wonderful / marvelous / phenomenal

세 단어 모두 '아주 멋진, 경이로운, 기막히게 좋은'을 뜻하는 비교적 격식체의 표현들입니다.

magnificent / splendid

magnificent와 splendid는 '참으로 아름다운, 감명 깊은, 매우 인상적인'을 뜻하는 격식체 표현입니다.

A Woah! That was an **epic** match! Did you see the **sick** control of the game?! That was really **fantastic**!

B It was **da bomb**! It was a **mind-blowing** experience to watch this **awesome** game.

A What a **dope** player. He did an **excellent** job! I wish I were a **swell** progamer like him.

A 와우. 대박인 경기였어! 게임의 쩌는 컨트롤 봤어?! 정말 기가 막히더라!

B 완전 최고였어! 이런 굉장한 경기를 보다니, 정말 어마어마한 경험이었어.

A 정말 대박인 선수야. 완전 엄청 잘했잖아. 나도 그처럼 굉장한 프로게이머면 좋겠다.

A It was such a **marvelous** match for a tremendous crowd. I was amazed by the winner's **splendid** game control techniques.

B It was a **great** game. What a **wonderful** feeling the winner would be to be a world champion!

A It was such a **magnificent** play-off. The **phenomenal** players deserve to gain worldwide attention.

A 엄청 많은 관중들이 원하던 아주 멋진 경기였어요. 우승한 선수의 아주 인상적인 게임 컨트롤 실력에 놀랐습니다.

B 정말 멋진 경기였어요. 세계 챔피언이 되다니 우승자는 정말 멋진 기분이겠어요!

A 정말 인상 깊은 결승전이었어요. 저 경이로운 선수들이야말로 전 세계의 이목을 받을 만하죠.

amaze: 놀라게 하다   **play-off**: 결승전   **deserve**: ~할 만하다

19

유혹하다, 꼬시다

MP3 165

헷갈리면 seduce / tempt

seduce / tempt: 좋지 않은 일을 하도록 '유혹하다, 꼬시다'를 뜻하는 가장 일반적인 표현입니다.

비격식

hook up with / flirt with

hook up with: '~와 놀아나다, ~와 관계를 맺다'를 뜻하는 비격식 회화체 표현입니다.

flirt with: '이성에게 집적거리다, 치근덕대다, 꼬리 치다'를 뜻하는 부정적 의미의 표현입니다.

pick up

pick up은 '뽑아 올리다, 집어 올리다'에서 파생된 의미로, '이성을 꼬시다, 헌팅하다'를 뜻하는 회화체 표현입니다.

hit on / lead somebody on

hit on: 관심 있는 사람에게 '수작을 걸다, 작업을 걸다'를 뜻하는 회화체 표현입니다.

lead somebody on: '부정한 방법으로 상대방을 유혹하다'로 쓰입니다. 가운데 somebody 없이 lead on 형태로 쓰이면 긍정적인 의미로 '~을 선도하다, 앞에서 이끌다'의 의미이니 사용에 주의해야 합니다.

격식

entice / lure

entice: '상대방을 유인하다, 꼬드겨 ~하게 하다'를 뜻하는 표현입니다.

lure: 이 단어 역시 entice와 비슷한 말로 '하면 안 될 것을 하도록 부추기다, 유혹하다'를 의미합니다.

beguile

beguile은 '구슬리다, 현혹시키다, 꼬드기다'를 뜻하는 격식체 표현입니다.

captivate / mesmerize

captivate와 mesmerize는 '마음을 사로잡다, 푹 빠지게 만들다'를 뜻하는 격식체 표현입니다.

A How do you **hook up with** your partners at your blind dates? Any gimmick to **hit on** them?

B People think that I always try to **flirt with** my partner first and to **lead her on**, but it's not! I am always kind and gentle to my partner.

A I bet your seductions were really **tempting**. Why don't we go out tonight and **pick up** a potential girlfriend?

A 소개팅 나가서 파트너를 어떻게 꼬시냐? 그들에게 작업 거는 술책이라도 있는 거야?

B 사람들은 내가 항상 파트너에게 먼저 치근덕대면서 계속 유혹하려고 할 거라고 생각하지만 그렇지 않아! 나는 늘 상대방에게 친절하고 점잖게 대한다고.

A 네 유혹이 정말 매혹적이었겠지. 오늘 밤에 나가서 잠재적 여자 친구를 헌팅 좀 해볼까?

blind date: 소개팅   **gimmick**: 술책, 장치   **potential**: 잠재적인

A I wonder how you **beguile** your dating partner into falling in love with you.

B Many people believe that I always try to **entice** my dating partners by **seducing** them into spending more time with me. In fact, I just want to be a kind and caring person to them.

A That is how you **captivated** their hearts. They seemed to be **mesmerized** by your gentleness. I would like to learn from you how to **lure** others into my people.

A 당신이 데이트 상대자를 어떻게 당신과 사랑에 빠지도록 현혹시키는지 궁금합니다.

B 많은 사람들이 제가 제 데이트 상대들을 구슬려 저와 많은 시간을 함께 보내면서 꼬드기려 한다고 생각하는데요. 사실 전 그냥 친절하고 배려하는 사람이 되려고 할 뿐이죠.

A 그게 바로 그 사람들의 마음을 사로잡은 방법이군요. 그들이 당신의 점잖음에 푹욱 빠진 것 같네요. 당신에게서 다른 사람들을 내 사람이 되도록 유혹하는 방법을 배우고 싶네요.

caring: 배려하는

20

놀다, 어울리다

MP3 166

헷갈리면 hang out / play

hang out / play: hang out은 '놀다, 많은 시간을 함께 어울리다'를 뜻하는 가장 일반적인 표현입니다. hang out은 주로 성인들이 함께 여유롭게 즐거운 시간을 보내는 '놀다'의 의미로 쓰입니다. play 역시 '놀다'의 의미로 쓰이지만, hang out과 달리 '아이들이 장난감을 가지고 또는 놀이게임을 하면서 즐겁게 놀다, 또는 동물(들)과 장난치며 놀다'를 의미합니다. play는 또 '게임이나 놀이 또는 운동하는 것을 즐기다'의 의미로도 쓰입니다.

주의해야 할 점은 play with somebody는 '상대방을 데리고 놀다, 가지고 놀다'의 부정적인 의미도 있기 때문에, 성인이 되어서 친구와 놀고 싶다를 표현할 때는 I want to hang out with my friend.라고 해야 자연스럽습니다. 성인이 영어로 I want to play with my friend.라고 하면 원어민들은 다음 두 가지 중 하나로 생각하게 되어 서로 매우 어색한 상황이 생길 수 있습니다.

1 아이들처럼 게임, 놀이 등을 하면서 유치하게 놀고 싶다.

2 '너를 가지고 놀고 싶다'의 의미로 쓰여, 친구가 이성이면 성적으로 희롱하는 투의 표현으로 큰 오해를 불러일으킬 수 있으니 주의해야 합니다.

비격식

chill

chill은 **'느긋한 시간을 보내다, 빈둥빈둥 놀다'**를 뜻하는 비격식 회화체 표현입니다. 또 '냉기, 오한, 아주 춥게 만들다, 쌀쌀한(= chilly)'의 뜻도 있으니 주의해야 합니다.

get on with / get along with

get on with와 get along with는 **'~와 잘 지내다, 사이 좋게 지내다'**를 뜻합니다. 하지만 이 표현을 Get on/along with you!처럼 명령어 형태로 쓰면 아래와 같은 공격적인 말이 되므로 주의해야 합니다.

1 저리 가! 썩 꺼져 버려!

2 설마, 그럴 리가!

3 헛소리 그만해! 바보 같으니라고!

hobnob

hobnob은 **'기회주의자처럼 재력가나 유명인들에게 빌붙어 놀다'**를 뜻하는 부정적인 의미의 비격식 표현이니 사용에 주의해야 합니다.

socialize

socialize는 **'사람들과 사귀다, 어울리다, 교제하다'**를 뜻하는 격식체 표현입니다. 또 '사회화하다'의 뜻도 있기 때문에 상황에 따라 사용에 주의해야 합니다.

mingle

mingle은 '섞이다, 어우러지다'에서 파생된 의미로 **'잘 어울려 놀다'**를 뜻합니다.

fraternize / consort

fraternize: fraternity(동지애)에서 파생된 단어로 **'동지애를 느끼다, 친하게 대하다'**의 뜻으로 쓰입니다. 많은 경우에 '(그래선 안 될 사람에게) 지나친 호의를 베풀다' 같은 부정적인 뜻으로도 쓰이기 때문에 사용에 주의해야 합니다.

consort: 격식체 표현으로 **'남들이 좋지 않게 생각하는 사람들과 어울리다'**를 의미하기 때문에 사용에 주의해야 합니다.

A Hey, we are planning to go out and **play** around at the beach with bonfires. Would you like to come?

B Thanks for the invite, but I want to **chill** at home tonight. You guys really **get along with** the rich guys around here.

A Yeah, we constantly **hobnob** with them. We don't pay anything when we **hang out** with the guys.

A 야, 우리 해변에 나가서 모닥불 피우고 놀려고 하는데, 올래?

B 초대해 줘서 고맙지만 오늘 밤은 그냥 집에서 놀래. 너네는 이 동네 부자 녀석들과 진짜 잘 어울려 논다.

A 그래, 우리는 항상 그 녀석들과 빌붙어 놀아. 걔들과 놀 때는 돈을 전혀 안 써도 되거든.

---

bonfire: 모닥불

A I think you should **socialize** more often with your celebrity neighbors. In my case, I could get enormous financial benefit from them.

B I do think that **mingling** with those celebrities is important, but I don't feel comfortable **fraternizing** too eagerly with some notorious celebrities.

A There could be a few people you need to avoid **consorting** with, but most of them are safe.

A 저는 당신이 유명 인사인 이웃들과 좀 더 교제를 해야 한다고 봅니다. 제 경우에는 그들로부터 막대한 재정적인 이익을 봤거든요.

B 그런 유명 인사들과 잘 어울려 노는 게 중요하다고 생각은 하지만 악명 높은 유명 인사들과 너무 열심히 친하게 지내려고 하는 게 편하지는 않아요.

A 개 중에는 어울리지 말아야 하는 사람들도 몇 명 있겠지만 그들 대부분 괜찮은 사람들이에요.

요람에서 무덤까지 (FROM THE CRADLE TO THE GRAVE)
연령대별 사람 표현하는 방법

우리말에도 갓난아기부터 노년층까지 나이별로 사람을 표현하는 다양한 단어들이 있습니다.
물론 영어에도 아주 다양한 표현들이 있어요. 우리말과 완전히 동일한 단어도 있지만
생각보다 어감이 많이 다른 표현들도 있습니다. 지금부터 이러한 사람을 표현하는
다양한 단어들의 뉘앙스 차이를 배워 볼까요? 참고로, 여기서 이야기하는 표현들은
미국, 캐나다, 영국, 호주 등 각 나라별로 조금씩 차이가 있지만, 주로 미국과 영국 영어를
기준으로 분류하였으니 주의하세요.

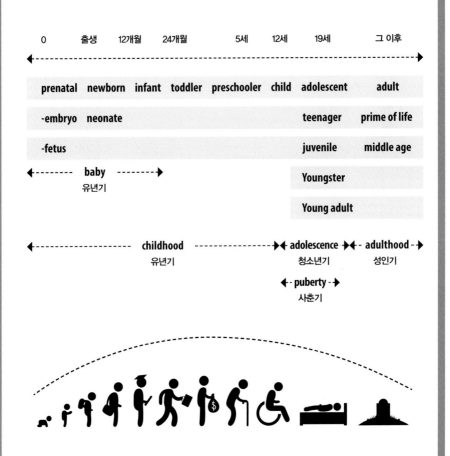

prenatal: 출산 전, 태아기의

embryo: 배아 (임신 8주 이전의 태아를 일컫는 말)

fetus: 태아 (임신 8주 이후부터 출산 전의 태아를 일컫는 말)

newborn: 1 신생아, 갓난아기 2 신생아의

neonate 의학 4주 이내의 신생아

baby / infant

baby는 '12개월 이하의 어린 아기'를 뜻하는 가장 일반적인 말이며,
infant는 baby의 격식체로 '유아, 젖먹이 아기'를 뜻하는 전문 용어입니다.

toddler

12개월부터 24개월까지의 아장아장 걸어다니기 시작하는
연령대의 아이

preschooler

3세부터 5세 사이의 미취학 연령대의 아동

(school-aged) child

'6세부터 12세 사이의 초등학생 연령대 아이'로 일부 국가에서는
grade-schooler라고도 합니다. 일반적으로 child는 6~12세를 뜻하지만,
법률적으로 child를 정의할 경우에는 0~18세까지 부모의 의무적인
보호가 필요한 미성년자(=minor)를 뜻하기도 합니다.

adolescent

'13세부터 19세 사이의 성인 전 단계의 청소년'을 뜻합니다.

teenager

줄여서 teen이라고도 불리며, 십대 그러니까 주로 '13~19세 사이의 사람'을
뜻합니다.

juvenile 격식

신체, 정신적으로 성인만큼 성숙하지 못한 미성년자(minor) 단계인
'청소년'의 격식체 표현입니다. 주로 juvenile crime(청소년 범죄), juvenile
court(소년법원), juvenile detention center(소년원)처럼 법률 용어로 많이
쓰입니다.

youth
10대 중반 이후의 청년의 의미로 쓰여, UN(United Nations)에서는 '15~24세 사이의 사람'을 뜻합니다. 또 '젊은 시절, 청춘'을 뜻하기도 합니다.

youngster 비격식
어린 사람(young person)을 지칭하는 회화체 단어로, 대략 '10~16세 정도의 사람'을 뜻합니다.

young adult
18~21세 사이의 '성년(majority: 만 19세) 초반의 사람, 젊은이'를 뜻합니다.

adult
만 19세 이상의 성년이 지난 '성인'을 의미합니다.

prime of life
일생에서 한창 기운이 왕성하고 활동이 활발한 시기인 '30~40대 초반의 사람'을 뜻합니다.

middle age
인생의 중년기를 뜻하며 대략적으로 '40~64세 연령대에 있는 사람'을 표현합니다.

old age
인생의 노년기를 뜻하며, 보통은 '65세 이상의 연령대인 사람'을 표현합니다. elderly는 노인, 고령자를 존칭하는 어조의 '연세가 드신'을 뜻하며, the elderly는 '어르신들'을 의미합니다. senior citizen은 법률 용어로 '경로자'를 뜻합니다.

the deceased 격식
최근에 인생을 끝마친 '망자, 고인'을 뜻하는 법률 용어입니다.

INDEX
색인

A

B

C

D

E

F

G

H

I

J

K

L

Q

R

S

T

W

Y

Z